体育における「学びの共同体」の実践と探究

岡野 昇
佐藤 学　編著

大修館書店

体育における「学びの共同体」の実践と探究——目次

● プロローグ——学びの共同体と体育の学び　x

第Ⅰ部　体育における対話的学びをデザインする

第1章　体育における学びの移り変わり……3

1　学校教育現場における「学び合い」研究　3
2　文化・歴史学派(ヴィゴツキー学派)の研究概観　4
3　日本における学び論の展開　8
4　体育における学習論の転回　10
5　青木眞の「関係論」　13
6　松田恵示の「かかわり合い論」　18
7　細江文利の「関わり合い学習」　23
8　「楽しい体育」論を超えて　28

第2章　体育における対話的学びのデザイン……35

1　はじめに　35

2 「体育における対話的学び」の三つの次元　37

3 「体育における対話的学び」の授業デザインの手順　46

4 おわりに　52

第3章　体育における対話的学びの実践……55

1 「運動の中心的なおもしろさ」からデザインする
　　――小学校　マット遊び、マット運動の実践　55
　(1)「運動の中心的なおもしろさ」という視点／(2)Gボールと一緒に転がろう／(3)すっと立てるかな／(4)からだとの対話／(5)おわりに
　(6)実践報告へのコメント

2 「運動の中心的なおもしろさ」に迫る学び
　　――中学校第3学年　長縄跳び運動、跳び箱運動の実践　65
　(1)長縄跳び運動(ダブルダッチ)の実践／(2)跳び箱運動の実践
　(3)体育における学びの三位一体／(4)実践報告へのコメント

3 質の高い学びをデザインする
　　――小学校第6学年　素早い往復走の実践　73
　(1)素早い往復走の実践／(2)素早い往復走における質の高まり
　(3)実践報告へのコメント

4 質の高い学びを保障する教師のかかわり
　──小学校第6学年　跳び箱運動の実践　82
　(1)跳び箱運動の授業実践／(2)学び合いを生み出す教師のかかわり
　(3)実践報告へのコメント

5 安心と没頭を生み出す学びをデザインする
　──中学校第3学年　短距離走・リレーの実践　91
　(1)学びの共同体の理念に基づいたリレーの授業デザイン／(2)授業実践を振り返って
　(3)実践報告へのコメント

6 安心と没頭を生み出す教師の位置取り
　──小学校第6学年　ネット型（ソフトバレーボール）の実践　98
　(1)ネット型（ソフトバレーボール）の実践／(2)総合的考察
　(3)実践報告へのコメント

7 男女共習によって引き出される学び
　──中学校第3学年　ネット型（バレーボール）の実践　107
　(1)ネット型（バレーボール）の授業デザインと授業における出来事
　(2)男女共習によって引き出される学び／(3)実践報告へのコメント
　(4)実践報告へのコメント

第II部 体育における対話的学びを探究する

第1章 協同的学びにおける運動技能の発達過程
――小型ハードル走の実践から……………… 119

1 はじめに 119
2 学びのデザイン 121
3 授業概要 122
4 学びの実際 124
5 小型ハードル走における学び 131
6 運動技能の発達過程 136
7 おわりに 138

第2章 真正な学びにおける「わざ(身体技法)」の形成過程
――短距離走・リレー(2×15mリレー)の実践から……………… 141

1 はじめに 141
2 学びのデザインと授業概要及び形成的授業評価 144
 (1)学びのデザイン／(2)授業概要／(3)形成的授業評価

3 学びの実際と考察——エピソード記述による質的アプローチ

(1)事例1/(2)事例2/(3)事例3/(4)事例4

4 学びの実際と考察——DLT法による量的アプローチ 164

5 学びの総合的考察 168

6 おわりに 175

第3章 体育における「聴き合い」としての学び
――ボール運動・ゴール型の実践から ………………………… 180

1 はじめに 180

2 「聴き合い」としての学び 182

3 体育における「聴き合い」としての学び 183

4 「学び」を深めるペアサッカーの授業デザイン 187

5 授業の実際――言語活動に視点を当てて 188

6 授業の省察 195

7 授業者の振り返り 196

8 体育における「聴き合い」としての学びのデザインの視点 198

第4章 体育におけるエピソード記述の描き方
――出来事で学びをリフレクションする ……………………… 200

1　はじめに　200
2　エピソード記述とは何か
3　なぜエピソード記述なのか　203
4　エピソード記述が「描けない」ということの意味　205
5　陥りがちなエピソード記述例　207
(1)エピソード記述例として取り上げる授業概要／(2)陥りやすいエピソード記述例
6　体育におけるエピソード記述の描き方　218
(1)エピソードを描くときの「地」のつくり方／(2)考察の視点
7　おわりに　223

● エピローグ――21世紀型の体育の学びへ　227

執筆担当　235
初出一覧　237
あとがき　239

プロローグ

学びの共同体と体育の学び

佐藤 学

1 ● 学びの共同体としての学校

学びの共同体の学校改革は、日本とアジア諸国において最も強力な授業と学びの改革のうねりを生み出している。体育科における授業と学びの改革においても例外ではない。学びの共同体の改革は、体育科の授業実践に新しい学びの様式をもたらし、新しい授業研究の様式を生み出している。本書は、その新たな授業実践の事例を提示し、新たな学びの具体例を示して、それらの授業実践の基礎になっている哲学と理論も示している。

学びの共同体の学校改革は、しかし、改革の処方箋でもなければ、授業実践の方式でもない。学びの共同体の改革を方式や技術として導入しても、実りある成果はほとんどもたらさないだろう。学校の改革も授業の改革も、一般の人々や教師が想定しているよりも、はるかに困難な事業である。学校の改革も授業の改革も、興味深いパラドクスであるが、その実現が絶望的なほど困難で不可能に近いことを認識した者だけが達成可能な事業である。特に、学びの共同体の改革は部分的な改革ではなく、全体的で構造的な改革であり、これ以上難しい改革は存在しないと言ってよいほど、困難な改革である。他のどの改革よりも、子ども（生徒）たちに熱烈に支持され、教師たちにも圧倒的な支持を獲得している。そして今日では、地域による格差はあるが、日本全土、アジア諸国のほぼ全域に拡大し、最も希望のある改革として普及している。

　学びの共同体の学校改革は、どのような体育科の授業と学びの改革を推進しているのだろうか。この問いに答えるためには、二つの問いに答える必要がある。一つは、学びの共同体の学校改革とはそもそも何を目的として何をどう変革する改革なのかという問いである。もう一つは、この改革は体育科の授業と学びをどう変革しているかという問いである。

学びの共同体の改革は処方箋でも技術でも方式でもない。学びの共同体の改革は〈ヴィジョン〉であり〈哲学〉であり〈活動システム〉である。それは全体的で構造的な改革であり、授業と学びの改革はその中核に位置しているが、その全体的構造の一部分である。

学びの共同体の改革において最も優先しているのは〈ヴィジョン〉である。どのような学校（教室）を創造し、どのような学びを実現するのか、何を目的として何を実現する改革なのか。これが〈ヴィジョン〉であり、あらゆる改革において〈ヴィジョン〉が最優先されるのと同様、学びの共同体の改革においても〈ヴィジョン〉を最優先している。学びの共同体の〈ヴィジョン〉は、学校と教師の成長を促進し、保護者や市民の社会を準備することにあり、一人残らず子どもの学びの権利を実現し学びの質を高めることと、一人残らず教師の専門家としての成長を促進し、保護者や市民に信頼される21世紀型の学校を創造することにある。この〈ヴィジョン〉の学校像は、子どもたちが学び合うだけでなく、教師も専門家として学び育ち合い、保護者や市民も改革に参加して学び合う学校である。

学びの共同体の標榜する〈ヴィジョン〉を実現することは至難であるが、それを可能にするのが〈哲学〉と〈活動システム〉である。学びの共同体の改革は、公共性の哲学、民主主義の哲学、卓越性の哲学の三つの哲学を基礎としている。公共性

の哲学とは、学校と教師の責任が公共的使命の実現にあることと、学校と教室を開かれた場所にすることを追求する哲学である。学校の改革は、一人でも教師が教室を閉ざしている限り、実現することは不可能である。私は、どんなに優れた仕事を行っている教師であっても、一年間に一度も同僚にも地域にも授業を公開しない教師を公教育の教師としては認めない。その教師は、どんなに優れた仕事を行っているとしても、子どもを私物化し教室を私物化し教職を私物化している。すべての教師が授業を公開し共に学び合う関係を築くことなしに、どんな改革も不可能である。

　民主主義の哲学も改革の基礎である。学校ほど民主主義の重要性が叫ばれながら、学校ほど民主主義が実現していない場所もない。民主主義とは多数決の方法でもなければ、政治的手続きでもない。民主主義とは「他者と共に生きる方法」(デューイ)であり、一人ひとりが主人公になる人間関係であり、その生き方である。どのようにして一人残らず尊重され、誰もが主人公として参加する学校を実現することができるのだろうか。その基礎にあり、その対話の基礎にあるのが「聴き合う関係」である。したがって、学びの共同体の改革においては「聴き合う関係」を創造して誰もが「学びの主人公 (主権者)」として活動する学校教育を追求している。

　卓越性の哲学は、授業と学びにおいてベストを尽くし最高のものを追求する哲学

である。一般の学校における授業と学びのレベルは低すぎる。授業も学びも最高のものを追求しなければ実りある成果を獲得することはできない。学びの共同体において学びは他者との協同によるジャンプとして考えられている。

これら三つの哲学を実現するのが〈活動システム〉である。学びの協同を可能にするコの字型の机の配置、聴き合う関係による対話的コミュニケーション、男女混合の4人グループ（小学校低学年ではペア学習）による協同的学び、「共有の学び」（教科書レベル）と「ジャンプの学び」（教科書レベル以上の高度の学び）による授業のデザインなどが、教室の〈活動システム〉である。職員室の〈活動システム〉としては、年間に教師全員が最低一回は授業を公開する授業研究と授業協議会、教え方ではなく子どもの学びを中心に研究する授業研究、授業研究を中心とする同僚性の構築が追求されている。さらに保護者と地域との関係においては、8割以上の保護者が授業の改革に参加し連帯し合う「学習参加」が実践されている。

2●体育科における学びの創造

学びの共同体の改革における体育科の授業と学びの創造は、上記の学びの共同体の学校改革の〈ヴィジョン〉と〈哲学〉と〈活動システム〉の一環として実践され

ており、それだけが単独で実践されているわけではない。学びの共同体の改革において、すべての教科において〈真正の学び〉と〈聴き合う関係〉と〈ジャンプのある学び〉の三つの基軸によって質の高い授業と学びの創造を推進しているが、体育科も同様である。

学びの共同体において、学びは、対象（モノ、テクスト、題材、資料）との出会いと対話（世界づくり・文化的実践）、他者との出会いと対話（仲間づくり・社会的実践）、自己との出会いと対話（自分づくり・実存的実践）の三つの対話的実践として定義している。学びは知識や技能の反復練習によるトレーニングではなく、文化的意味を構成し対人関係を編み直し自分づくりを促進する文化的・社会的・倫理的実践である。この学びの共同体の学びの概念も、体育科において同様である。

〈真正の学び〉（教科の本質に沿った学び）は、三つの対話的実践のうち、対象（モノ、テクスト、題材、資料）との出会いと対話〉に関係している。体育科における〈真正性〉（authenticity）は、どこに求められるべきだろうか。文学には文学らしい学びがあり、数学には数学らしい学びがある。運動・スポーツらしい学びとはどのような学びなのだろうか。学びの共同体の体育科における授業と学びにおいて、教師はそのスポーツや運動の学びの〈真正性〉がどこにあるのかを探究し、その〈真正性〉が実現する学びを追求している。

私見を提示するとすれば、私は体育科の学びの〈真正性〉は、スポーツの文化的意味と運動の文化的意味（身体技法）にあると考えている。したがって、私は体育科は、音楽や美術や文学や演劇や舞踊などと同様、〈アート（生きる技法）〉の一領域であるとみなしている。そして、体育科の学びの〈真正性〉は、「技（技法・アート）」と「型（スタイル）」の学びにあると考えている。したがって、学びの共同体の体育の授業では、「技」と「型」の学びを「共有の学び」と「ジャンプの学び」としてデザインし、その「技」と「型」の学びのリフレクションを授業研究の中心的な柱の一つとしている。

　〈聴き合う関係〉を基礎とする協同的学びも、学びの共同体の体育の学びの特徴の一つである。体育科の学びにおける〈聴き合う関係〉による協同は、むしろ「ケア」（他者への配慮）の共同体における「訊き合い学び合う関係」といった方が的確だろう。近年、各教科における「言語活動の充実」が学習指導要領で提唱されたことにより、「話し合い」活動が体育科でも積極的に実施されるようになった。しかし、私たちは話し合い活動が重要だとは考えていない。むしろ体育科において尊重されるべきは「話し合い」の言語ではなく、体育の身体言語の「訊き合い」である。私たちは、体育科の学びにおいて、他教科同様、一人では学びが成立しないという前提に立ち、「聴き合い（訊き合い）」にもとづく他

者のアイデアや身体活動の模倣とスキャフォルディング（足場かけ）による学びを追求している。

3 ● 体育科の学びの実践交流

学びの共同体の学校改革は、小・中・高校合わせて3千校以上で挑戦されている。国内約300校のパイロット・スクールが改革の拠点校として機能しており、一年間に1千回をこえる公開研究会が全国各地で開催されている。

この爆発的とも言える普及は、何よりも実践の事実によるものである。実際、学びの共同体の改革に挑戦した学校は、どんなに荒れた学校であっても一人残らず子どもは学びに夢中になって参加するようになり、問題行動はほぼ皆無となり、不登校の数（高校の場合は退学者）も激減し、学業成績も飛躍的に向上する。学びの共同体の改革の実績はまさに「奇跡的」である。その事実が、これまでの爆発的普及と生徒と教師の熱烈な支持を生み出してきた。

しかし、学びの共同体における授業と学びの質の高さがより一層追求されるべきであり、より一層着目されるべきだろう。この点においても、すでに多くの学校で、これまでどの学校の授業においても見られなかった〈質の高い学び〉が実現してお

り、その授業記録の蓄積と研究が求められている。しかし、数学や国語や社会科などと比べて、体育科の授業は教室外で行われることから、公開研究会の提案授業として取り上げられる機会は少なく、他教科と比べて授業実践の交流の機会も少ないのが現状である。そのため、訪問先の学校の教師から、「体育科の学びの共同体の授業と学びのイメージをいっそう明確にしたい」「体育科の授業のジャンプの学びのデザインが難しい」「学びの共同体の体育科の多様な実践事例を一つでも多く知りたい」という要望が寄せられることが多い。本書が、その一助となることを願っている。

　プロローグの最後に、本書の編集を行った岡野昇さんとそのグループの研究と実践の偉業について感謝と敬意を表したい。岡野昇さんらの研究と実践が存在しなければ、学びの共同体の体育科の授業実践は、これほど確実な実績と実践の広がりを達成することはできなかっただろう。個人的には、体育科は、学びの共同体の〈ヴィジョン〉と〈哲学〉と〈活動システム〉が最も効力を発揮する教科であり、学びの共同体の追求している学びが最も魅力的に展開する教科であると思っている。本書は、その希望と可能性の道を開く一里塚を提示している。

第Ⅰ部 体育における対話的学びをデザインする

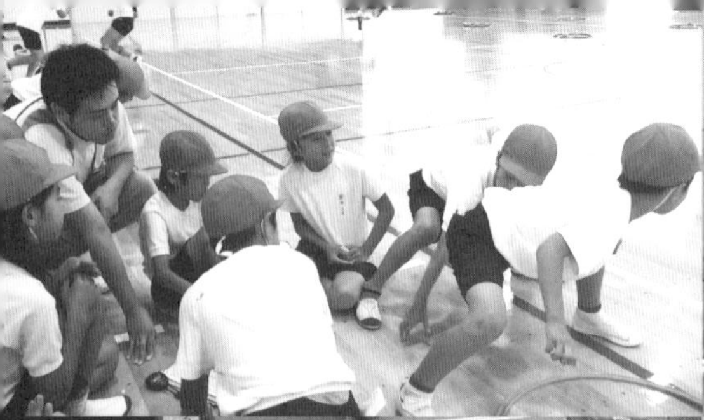

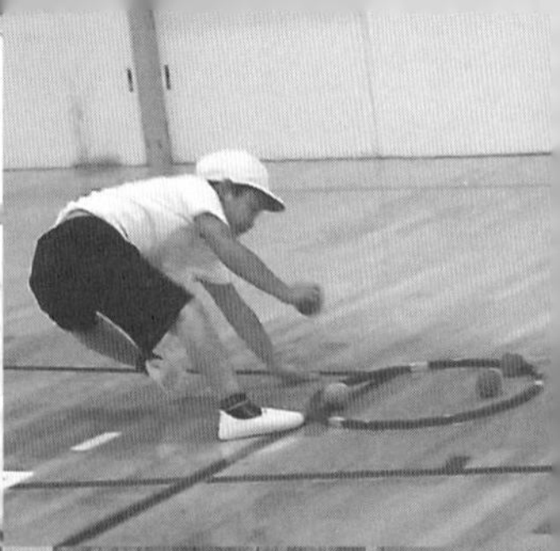

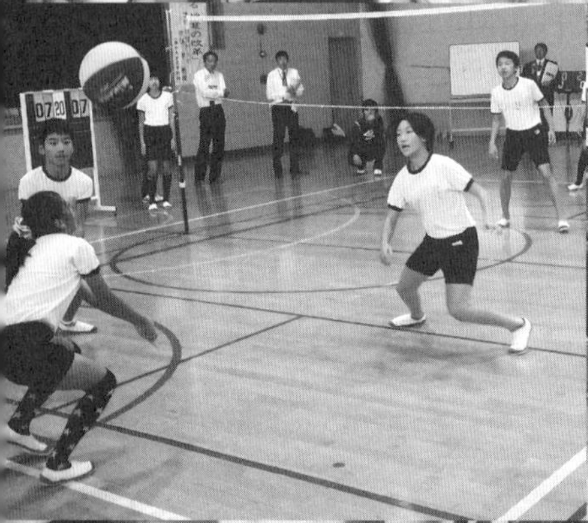
07 20 07

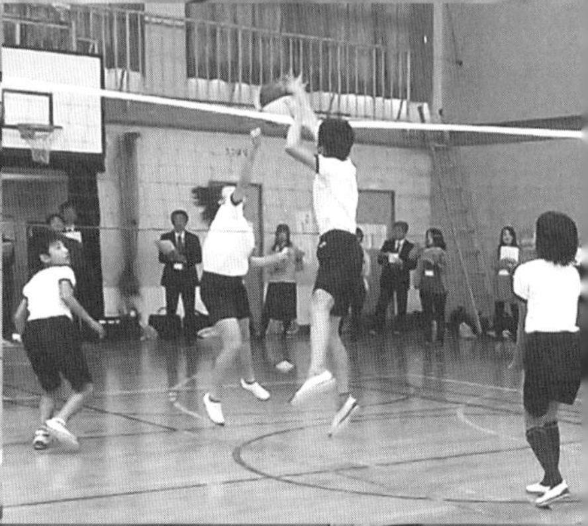

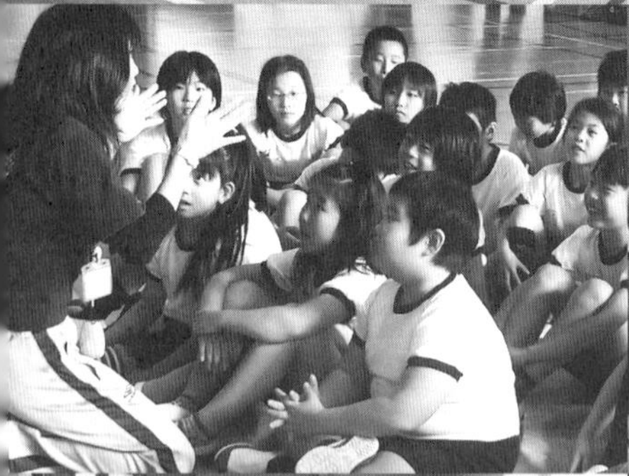

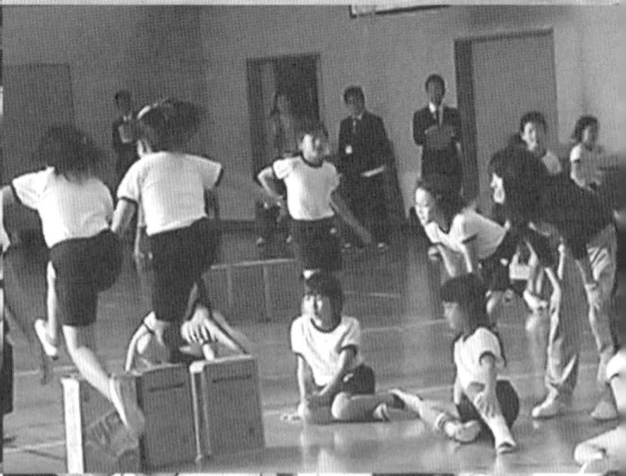

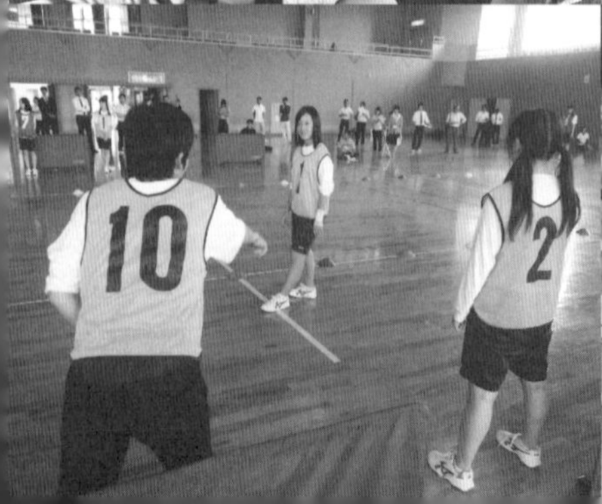
10
2

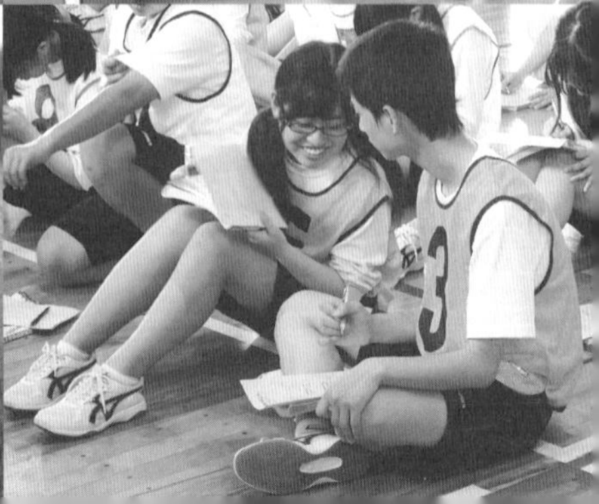
3

第1章 体育における学びの移り変わり

1●学校教育現場における「学び合い」研究

近年、学校教育現場では、「かかわり（関わり）」、かかわり合い（関わり合い）、伝え合い、学び合い、コミュニケーション」など、相互作用を重視した「関係」を鍵概念（間主観主義・相互主体論）とする実践研究が展開されるようになってきている。

例えば、三重県四日市市の小学校校内研修主題に示されるキーワード使用率に注目してみると、「自ら、主体的に、意欲的に」という主観主義に立つキーワードを使用する学校が、2003年度（平成15年度）に39校中15校（41％）であったものが2008年度（平成20年度）には40校中8校（20％）

3

に減少しているのに対し、「学び合う、伝え合う、高め合う」など、間主観主義に立つキーワードを使用する学校が、2003年度（平成15年度）に39校中9校（23％）であったものが2008年度（平成20年度）では40校中22校（55％）へと増加している（岡野2009）。

これは、2005年度（平成17年度）から新たに開始された「伝え合う力を養う調査研究事業」（文部科学省）や経済開発協力機構（OECD）の学習到達度調査（PISA）による影響もあると考えられるが、背景には学習論の転換を視野に入れた動きがあると見ることができよう。この動向は「行動主義や認知主義に基づく操作的な学習観から、状況的学習論のように子どもの社会的環境との関わりをみていく臨床的な学習観への移行」（本山1999）の現れであり、「学習とは、所与の知識の個人的獲得ではなく、学習者が他者とかかわりのある活動を通して、意味を構成していく社会的行為である」（広石2005）とする、社会的構成主義的な学習論の現れと見立てることができる。

2●文化・歴史学派（ヴィゴツキー学派）の研究概観

社会的構成主義とは、1920年代半ばから30年代半ばにかけてソビエトで活躍した心理学者ヴィゴツキー（L. S. Vygotsky）とその共同研究者であったルリア（A. R. Luria）やレオンチェフ（A. N. Leontiev）らによって展開された「文化・歴史学派（ヴィゴツキー学派）」を系譜に持つものである。彼らは、「人間の精神発達を文化や歴史との不可分な関係のなかで生じる現象としてとらえる基本的

な理論的枠組み（文化・歴史理論）を提唱し、その後の諸研究に極めて大きな影響を与え続けている」（高木2010、403頁）。

ヴィゴツキーは、「記号の使用によって意図的な操作が可能になった心理過程（たとえばメモを使用することで必要なときに情報を検索できるようになった記憶など）を指す」（高木2010、405頁）、歴史的発達の所産としての「高次精神機能」について、次のように定式化している。

あらゆる高次の精神機能は子どもの発達において二回あらわれます。最初は集団的活動・社会的活動として、すなわち、精神間機能として、二回目は個人的活動として、子どもの思考内部の方法として、精神内機能としてあらわれます。（ヴィゴツキー：土井・神谷訳2003）

柴田（2011）は、人間に特有な高次の精神活動は、最初ほかの人々との協同作業のなかで外的な「精神間（interpsychical）機能」として現れ、それがやがて個々人の「精神内（intrapsychical）機能」、つまり論理的思考や道徳的判断、意志などの様式へ転化していくと説明する。また、その具体例として子どものことばの発達をあげ、はじめはまわりの人々とのあいだのコミュニケーションの手段としての話しことばが、六、七歳ごろに〈内言〉に転化するようになり、ことばは子ども自身の思考の基本的方法となり、子どもの内部的精神機能になると述べている（柴田2011、31頁）。このことばは、何よりも、社会的交流の手段となり、発話理解の手段であり、いわばコミュニケーション機

能と思考の機能を兼任している（ヴィゴツキー：柴田訳2003、21頁）といえる。

ヴィゴツキーの特に有名な理論として、「発達の最近接領域（zone of proximal development）」があげられる。これは、「子どもが単独で（精神内カテゴリーとして）達成できる現時点での発達水準と、子どもが大人と共同することで（精神間カテゴリーとして）達成できる課題によって示される発達水準の差を指す」（高木2010、412頁）ものであり、子どもの精神発達と教授―学習との関係を次のように述べている。

教授はそれが発達の前を進むときにのみよい教授である。そのとき教授は、成熟の段階にあったり、発達の最近接領域にある一連の機能をよび起こし、活動させる。ここに、発達における教授の主要な役割がある。動物の調教と子どもの教授ともこれによって区別される。（ヴィゴツキー：柴田訳2003、304頁）

これは子どもの思考の特質に合わせる教育への批判を意味し、「明日の水準」に目を向けるならば、「思考の特質に合う」かどうかではなく、子ども自身が独力ではできないことに目を向け、できることからできないことへの移行を考慮した（柴田2011、28-29頁）ものであり、子どもの精神発達をつねに文化的・社会的環境と教育との深いかかわりの中でとらえようとしていたものであることがわかる。

このヴィゴツキーの言語的記号を媒介とする文化や歴史との不可分な関係の中での子どもの精神発達観と、その精神発達を考慮した教授—学習観は、さらに拡張されることになる。

1980年代に始まる文化・歴史理論再評価の運動的にも実際的にも主導的な研究者といわれるコール（M. Cole）は、言語的記号を導入することによって、子どもの発達が媒介されるとしたヴィゴツキーの媒介概念を、「人工物（artifact）」という概念によって、物質的なものを含む人間がつくりだしたもの全般に拡張した。また、ワーチ（J. V. Wertsch）は、ヴィゴツキーの記号の概念を拡張し、言語的記号のもつ多様性を社会的文脈の中で考慮することによって、教室での教師と生徒の相互作用という社会的環境を重視した。彼のアプローチは、「社会―文化的アプローチ（socio-cultural approach）」と呼ばれる。さらに、ロゴフ（B. Rogoff）は、この社会環境の重要性に着目し、文化的、歴史的に構造化された日常生活の中で他者や環境との多様な相互作用を通して子どもが発達していくと考え、「導かれた参加（guided participation）」という概念を提唱した。これはヴィゴツキーの提唱したところの、「文化的発達の一般的発生的法則」および「最近接発達領域」の拡張としてとらえることができる。その後、この「導かれた参加」の概念は、文化人類学の学習研究におけるレイヴ（J. Lave）とウェンガー（E. Wenger）の正統的周辺参加（Legitimate Peripheral Participation：LPP）（レイヴ・ウェンガー：佐伯訳1993）とリンクしながら展開されるものであった。

他方、レオンチェフは、ヴィゴツキーが言語的記号による精神発達を重視したのに対し、人々によって共同的に展開される諸活動が精神発達を媒介するとした。つまり諸活動は、歴史的・文化的に組織

された共同的なシステムに組み込まれた行為であると考え、「活動理論」という心理学理論を提唱した。そして、この「活動理論」を活動システムそのものに拡張したのがエンゲストローム（Y. Engeström）である。彼は、学習や発達が、個人による知識や技能の獲得ではなく、活動システムのメンバーが共同的に自分たちの活動システムが抱える矛盾を発見し、その構造を分析し、それに基づいて活動システムを変革していく一連の過程であると考えた。

ヴィゴツキーの提唱した、人間の精神発達を文化や歴史との不可分な関係の中で生じる現象としてとらえるとする基本的な理論的枠組みは「文化・歴史学派（ヴィゴツキー学派）」と呼ばれ、関係と状況の中での「学び」を明確にしてきたものといえる（高木2010）。

3●日本における学び論の展開

概観してきた文化・歴史学派（ヴィゴツキー学派）の考え方は、日本の学校教育現場においても影響を及ぼし、1990年代に佐伯胖や佐藤学らが「学び論」を提唱した。佐伯（1995）は、学び（学習）を個人の頭の中での知識獲得過程と見るのではなく、文化的実践へのかかわりと見ることであるととらえ、そのかかわり方は、学習者の「その人らしさ」による共同体への参入であり、それ自体が協同的活動であることを意味する「参加」と見ることを提唱している。また、佐藤（1995）は、「学び」の活動を「意味と人の関係の編み直し」と定式化し、対象との対話、自己との対話、他者（社

会）との対話の三つの対話的実践としてとらえている。そして、「学び」とは他者の文化の「なぞり」を基礎として混沌とした世界と自己の輪郭を「かたどり」、その「なぞり」と「かたどり」の運動を拡大し発展させることによって、文化的共同体に参加していくことだと述べている。

こうした教育実践を教師中心から学習者中心へシフトさせ、個人の認知的事象から協同の文化的実践にシフトさせようとする学びの共同体論（田中2009）は、現在、国内外において爆発的に普及している。佐藤（2012）によれば、「学びの共同体の学校は、子どもたちが学び育ち合う学校であり、教師たちも教育の専門家として学び育ち合う学校であり、さらに保護者や市民も学校の改革に協力して学び育ち合う学校である」というヴィジョンによって、学校の公共的使命である「一人残らず子どもの学ぶ権利を実現し、その学びの質を高めること」と「民主主義の社会を準備すること」を実現しようとするものであると主張する。そして、学びの共同体の学校改革を、公共性の哲学 (public philosophy) と、民主主義の哲学 (democracy philosophy) と、卓越性の哲学 (excellence philosophy) の三つによって基礎づけ、教室における協同的学び (collaborative learning) と同僚性の構築 (collegiality)、職員室における教師の学びの共同体 (professional learning community) と保護者や市民が改革に参加する学習参加の三つの活動システムによって、改革を「運動」ではなく「ネットワーク」として展開する挑戦が試みられている。

4 ● 体育における学習論の転回

さて、体育学習において、学習者と学習内容と教師の三つの要素をどのような関係で位置づけるのかによって、授業は変わってくるとし、宇土（1983）は、その構造を次の二つに分けて説明している。

図1のAは、からだの教育としての授業の考え方であり、発達刺激材としての運動を通して、被教育者としての児童・生徒の発達を図るように、教師の活動が中心の位置を占める授業である。一方、図1のBは、学習を指導する授業の考え方であり、児童・生徒を「学習者」とし、学習者と運動を横の関係で結んで「学習活動（b_2）」をあらわし、教師は学習を指導（b_1）するという関係になっている授業である。

このように戦後の体育の考え方は、児童・生徒の立場からは「動かされる体育」から「自ら学ぶ体育」へ、教師の立場からは「教授・伝達」から「学習指導」へと、授業の基本的な三つの構成要素のあり方を変え（高島1992）、前者は発達と刺激の結びつきの強化を問題にしているため行動主義を背景とする「刺激論（トレーニング）」の立場にあり、後者は学習すべき内容があってそれを身につけるために行う活動を指すことから認知主義を背景とする「内容論（ラーニング）」の立場にあることがわかる。

ところが、どちらの体育学習も、「主体としての学習者である子ども」と「正しさを内在する客体

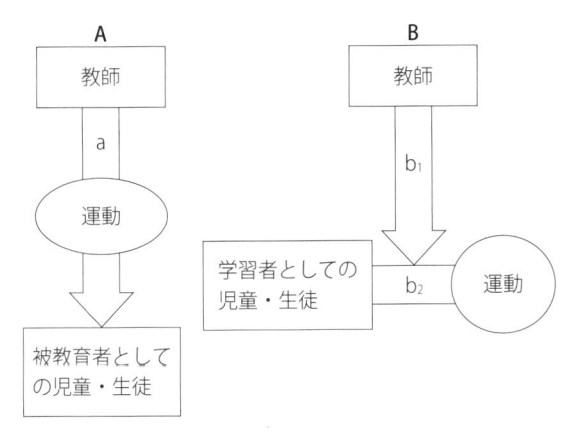

図1　三つの構成要素とその相互関係（宇土1983）

としての運動」の一項に分けられ、「運動（客体）」を「子ども（主体）」に注入するか、認識対象物ととらえ獲得に向かわせるかという違いはあれ、二項対立図式として位置づいている。そのため、実際の授業では、「運動（客体）」の側に価値をおくと、既に正しいと公認されている事柄（技術・ルール・戦術など）をどれだけ獲得したか、どこまで到達したかという結果主義の学習が展開されることになる。

また、「子ども（主体）」の側に価値をおくと、どのように子ども（学習者）の意欲を喚起するかということが問題にされることになる。こうした極端な授業の「出口（量）」と「入口（意欲）」を問題にすることは、授業をブラックボックス化し、授業のプロセスを軽視することにつながるため、体育学習から「質」と「意味」を奪うことにつながり、体育を学ぶ意味や目的を見えにくくするという問題点を孕んでいるといえよう。

こうした問題点を射程に入れた新しい学習論が、1980年頃から起こり始めてきたことは前節で概観してきた通りであるが、加えて認知科学の分野で起こった認知革命の影響によるところが大きい。1980年代になり、ロボット研究領域で「ロボットは（コンピュータは）実験室で完璧に動いたとしても、日常世界の中で同様に動くとは限らない」というマッカーシーら（1990）の主張（「フレーム問題 frame problem」）が大きな話題となり、「状況」の中で学ぶことを重視する認知科学では必然的に、人間がそのまま人間の教育や「学び」にもあてはまる（渡部1998）、日本の学校教育現場では、佐伯胖や佐藤学らの「学び論」として広がりをみせていることは既に見てきた通りである。

これと同じ動きは、1990年頃から、教科体育においても、子ども（学習者）の相互作用を中心とした実践研究が現れ始めた。しかし、その中には、仲間とのかかわりを問題にした「仲間づくりや人間関係づくりの体育授業」、あるいは課題達成に向けて仲間を手段的にかかわらせる「教え・助け合いの体育授業」も見受けられ、佐藤の「対話的実践としての学び」とは似て非なるものもあった。事実、佐藤（2007）は、この15年の間に、「創意・工夫」と「話し合い」へと体育の授業が傾斜してきたのは、おおもとをただせば、体育の目的や価値が見えにくくなっているからだと主張している。

一方、こうした「対話的実践としての学び」の視点から、体育学習を探究する研究も展開されている。青木眞の「関係論」、松田恵示の「かかわり論」、細江文利の「関わり合い学習」があげられる。

12

三者は、民間教育研究団体である全国体育学習研究会における「楽しい体育」論者であり、1990年代前半から「楽しい体育」の脱構築を試みている識者でもある。「楽しい体育」は1980年代頃、学習論とその構成方法に対する社会科学的な立場から、杉本・田口（1984）や多々納（1990）らによって、ラディカルな認識論的問題が提起された。三者の研究は、その問題提起を射程に入れながら展開され、子ども（学習者）の意味生成に着目しながら、運動の機能的特性による意味の統制を問題にし、運動の成り立ちや学習内容を関係論的な視点からとらえようとする（鈴木・永島2007）ところに特徴が見られる。すなわち、それは認識論的に関係論的視点から体育学習を脱構築する立場に立脚するものと見ることができる。

次からは、三者の論を取り上げながら概観することで、関係論的アプローチによる体育学習の研究動向を把握してみたい。

5●青木眞の「関係論」

青木眞は、1992年から1995年までの4年間、全体研の研究委員長の要職に就いている。当時、全体研は「楽しい体育」の脱構築を試みており、研究委員長であった青木は、『子どもの意味生成に着目した問題提起をし、機能的特性による意味の統制を問題』にし、また『運動の成り立ちや学習内容を関係論的にとらえる立場を提起し、実体論的な取り上げ方の閉塞性を問題』にしている」（鈴

木・永島2007、235頁）。この4年間で練り上げられた考えは、その後の講演レジュメや講演記録などの資料（青木1995、1996a、1996b、1997、1998、2000、2005、2007）として残っている。ここでは、こうした資料に基づきながら青木の「関係論」について概観してみたい。

青木（1995、1996a、1996b、2000、2005）は、体育授業の問題の最も根底には、体育授業（子どもとスポーツの関係、その関係に関与する教師）の存在論と認識論の問題があると主張する。結論からいえば、体育授業の存在論レベルにおいては「定着の世界」から「生成の世界」へ、認識論レベルにおいては「実体論」から「関係論」への転換を求めている。

まず、体育授業の存在論の問題について概観していくこととする。体育授業の存在論とは、運動はどのような意味として在るか（生成されるか）という問題の取り上げ方で、作田（1993）の考えを援用しながら、「定着の世界」から「生成の世界」への転換を求めている。定着の世界とは、主知主義・合理主義の支配した近代社会における説明原理で、人間の行為を「有用規準（目的合理的行為）」と「原則規準（価値合理的行為）」に焦点化して意味づけるものである。このように自己中心的な欲求に対応し、今の自己を超越し上昇しようとすることから「超越志向による意味」と位置づけている。また、生成の世界とは、生きていることを分割せず全体としてとらえる現代において台頭した説明原理で、人間の行為を「共感規準（感情的行為）」からも意味づけようとするものである。このような対象中心的な関心・欲求に対応し、他者やものとの境界をはずし共に在ることを感じようとする

ことから「共感志向による意味」と位置づけている。つまり、青木が主張する存在論レベルにおける「定着の世界」から「生成の世界」への転換は、スポーツにおける学習の豊かさを学習の量や結果ではなく、学習プロセスにおける意味（主観）の質にあると解き、特に圧倒的に「共感志向による意味」の学習が多かったこれまでの体育を反省し、「共感志向による意味」も身体で味わう学習を大切にしなければならないことを強調しているといえる。

続いて、体育授業の認識論の問題である。体育授業の認識論の問題とは、運動の成り立ちをどのように理解するか（認識するか）という問題の取り上げ方で、「実体論（実体主義・実体論的思考）」から「関係論（関係主義・関係論的思考）」への転換を求めている。「実体論」とは、スポーツがそれ自身第一次的に存在すると規定し、その存在との関係が第二次的に成立して世界が構成される、というとらえ方である。そして、主体と客体の二項に分け、主体と客体の関係を関係に求める内容は客体にある、と述べている。他方の「関係論」は、スポーツ存在の第一次的な規定を関係べき内容は客体にある、と述べている。他方の「関係論」は、スポーツ存在の第一次的な規定を関係に求める立場で、スポーツは自存的にあるのではなく関係によって成り立っている、というとらえ方である。そして、主体と客体の関係の中に価値の可能性がひらかれるとする立場で、子どもの学んでいる内容は関係の中にある、と述べている。これらのことはつまるところ、スポーツの人間的価値とその学習を考える場合、スポーツを技術・ルール・マナーなどが既に実体としてあるかのようにとらえ、それを獲得していく（身につけていく）学習が当たり前のように思われているが、実は技術やルール、マナーなどは自己・他者・モノとのかかわりによって生起するもので、スポーツはこうした一つ

の世界として存立しているため、学習の定義も「関係論」の視点から再定義していく必要性を提起していているといえる。

以上のことから、近代の体育授業の構造は、存在論レベルにおいては「実体論」の立場にあったと概括し、それを背景とする授業を青木は「二項対立図式による体育授業」と呼んでいる。

次に、青木（二〇〇〇、二〇〇五、二〇〇七）が説明する「二項対立図式による体育授業」の特徴とそれに対応する授業研究のモデルとはどのようなものか、またそうした授業には、どのような問題が横たわっているのか概観してみたい。

まず、授業は「主体としての学習者」と「正しさを内在する客体としての運動」の二項に分けられ、「運動（客体）」を「子ども（主体）」の認識対象物と位置づけ、それを獲得していくという特徴を持つ。そのため、実際の授業では、既に正しいと公認されている事柄（技術・ルール・マナー）を子どもが獲得する、できるようになるといった側面が強調される。そうなると、授業研究の対応モデルとして、「独立変数（教師の力量、指導技術、教材プログラム、生徒の学力と能力、授業の形態）」と「従属変数（教育結果としての学力・態度（技能の向上やルール・マナーの遵守など）、授業と学習の過程を統制する原理が抽出される「過程─産出モデル（process-product model）」（佐藤一九九六、四九-五〇頁）が位置づくことになる。つまり、「二項対立図式による体育授業」とは、理念・理想的な状態（姿）を措定し、

16

ついで諸制度や人々の営みをそれへの貢献に対応させて考えるという構造機能主義的な意味を基盤にしているといえる。

この「二項対立図式による体育授業」の問題を超えるために、青木（2007）は「関係論による体育授業」の構築を現代の体育授業に求めている。その構造は、存在論レベルにおいては「生成の世界」、認識論レベルにおいては「関係論」に基づくものである。この「関係論による体育授業」の創造のために、青木は二つの視点から方向性を示唆している。一つ目は学校カリキュラムのレベルから、二つ目は単元のレベルからである。

一つ目の学校カリキュラムのレベルにおいて、運動のとらえ方については、自己・他者・モノのかかわりによって成り立っているばかりでなく、文化・政治・社会の諸問題がクラスの中に凝縮したミクロコスモス（世界）として存立しているとする。そのため、前者では、関係を紡ぐ開かれた身体が基体となり、身体の有り様に徐々に目覚めていくことが大切になると述べている。後者では、脱価値的にプレイする身体が基体となり、運動で遊ぶのではなく、運動を遊びにすることが大切になると述べている。また、運動の取り上げ方については、ミクロコスモス（山界）の基調が、「共感」か「超越（挑戦）」のどちらかであるが、これからは「共感」が基調となるような取り上げ方も必要であると述べている。この点で、小学校低・中学年の運動はその契機をもちやすいが、高学年さらには中学校でも取り上げる必要があると述べている。

二つ目の単元レベルにおいて、内容構成については、機能的特性と共感的特性の双方の特性の視点

から特性をとらえ、子どもの状況に合った特性で構成していくことが当面の課題であると述べている。また、展開構成については、学習のねらいは到達点を現すものではなく、経験を方向づけるテーマ型のねらいとして設定し、学習過程は柔らかな枠づけで方向づけることを提示している。さらには、教師のかかわりとして、活動の観察（子どもに立ち上がっている意味を解釈する。どのような関係でその意味が立ち上がっているのかを省察する）、観察の活用（楽しさや心地よさの中味を開示したり確かめたりして覚醒化を図る）、言語の転換（ガンバリズムのイデオロギーを背景とする言語をプレーの時空間に相応しい言語に変える）の3点を提示している。

以上、概観してきたように、青木は、体育に寄せられる今日的な問題に対し、対症療法的な方法論によって解決に迫るのではなく、私たち人間が拠り所としている思考の枠組み（パラダイム）に着目しながら体育授業の問題を取り上げ、その根源的なレベルにおける転換を提唱しているといえる。それは、体育授業の構造転換にあり、存在論レベルにおける「定着の世界」から「生成の世界」へ、認識論レベルにおける「実体論」から「関係論」への転換であり、関係論的視点から学習を編み直す営みとして「関係論による体育授業」を提起していると概括することができるであろう。

6 ● 松田恵示の「かかわり論」

松田恵示も青木と同様に、1992年から1995年までの4年間、全体研の研究委員を務め、そ

18

の後も研究委員会において、「かかわり論」の理論的牽引者として、現在に至るまで「楽しい体育」の脱構築を試みている。その取り組みの中で、2000（平成12）年の第45回函館・渡島大会や2003（平成15）年の第48回千葉大会において、運動の特性論とかかわり論との関係をテーマにすえて授業実践を提案するに至っている（鈴木・永島、2007、238頁）。

こうした経緯の中で、松田は学術雑誌を中心に「かかわり論」に関する論文（松田1998、1999、新体研・松田1999、松田2000、2001a、2003、2004、2005）を発表している。ここでは、松田の「かかわり論」について一定のまとまりをもって整理されている『かかわりを大切にした小学校体育の365日』を主たる文献としながら、「かかわり論」の背景となる考え方を明らかにしてみたい。

松田は、「かかわり論」の最大のポイントを「体育の内容である運動を、『体の動き』や『技能』としてのみとらえるのではなく、『1つの固有なおもしろい世界』としてとらえ直すことである」（松田2001a、4頁）とし、例として次のように説明する。

階段を昇ったり、布団をあげたりするのも、やはり運動である。このとき、私たちは楽しかったり、おもしろいのだろうか。それは普通、とりたてて楽しかったり、おもしろいというものではないはずだ。ところが、階段昇りを友達と競争してみたり、布団をあげるのを夫婦で競争してみたりするとどうだろう。これは1つの遊びに変わるし、「楽しい」とか「おもしろい」運動になる。

つまり、こういうことだ。体を動かす、ということ自体は、いわば無色透明な人間の行動である。言いかえると、単なる物理的な「運動」にしか過ぎないわけである。ところが、そこに他者とある取り決めをかわす（ルールを創る）ことで「かかわり」が生まれ、さらには「階段」とか「布団」といったモノが日常生活とは違った意味を持つ（遊び道具になる）ことでやはり「かかわり」が生まれ、単なる「運動」が遊びの性格を持ったおもしろい運動に創られていくわけである。それは、単なる「体の動き」を超えた、他者とモノと自分とのかかわりの中にある時間や空間の全体のようなものだ。だとすればそれは、「運動の動き」なのだ、といったほうがなお正確であろう。「運動を楽しむ」というよりも「１つの固有なおもしろい世界」をさすわけではなく、「１つの固有なおもしろい世界」の全体をすでにさしているわけである。（松田2001a、4頁）

このように、「従来の運動のとらえ方は、図2のようにそれを『体の動き』と見なしているから、『私』や『他者』や『モノ』とは独立して存在している」（松田2001a、5頁）と述べ、図3のように体育の内容である運動のとらえ方を「自己／他者／モノ」が、「ホリスティックなかかわりの中にある『１つの固有なおもしろい世界』としてとらえる」（松田2001a、5頁）ことを強調している。

以上のように、「自己／他者／モノ」が「かかわり」あって、「固有の意味・価値としてプレイの文脈を構成する場、つまり単なる運動（客観的な動き、主観的な心理）を超えた『運動の世界』（間主観

20

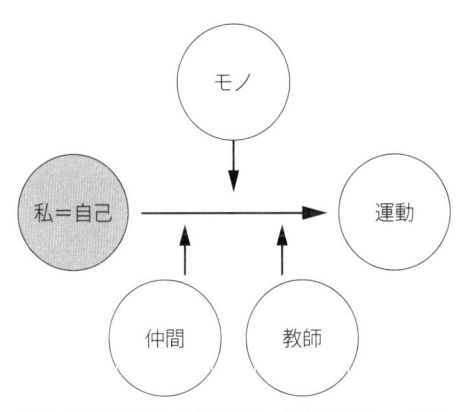

図2　従来の運動のとらえ方（松田2001a、5頁）

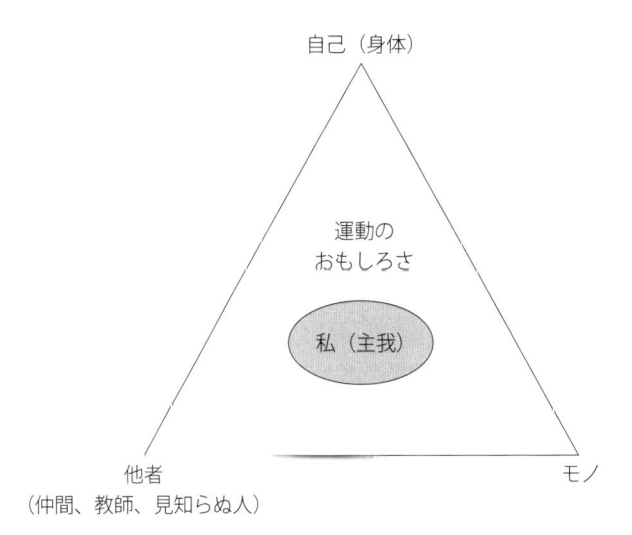

図3　「世界」としての運動のとらえ方（松田2001a、5頁）

的意味世界）ということが、学習内容として捉えられるべき…（中略）…中身であって、この『運動の世界』が工夫され、大きくなっていくことが体育学習のねらいである」（松田1999）と主張する。また、「体育の学習とは、つまりこのような運動という『1つの固有なおもしろい世界』をこそ学ぶことなのだ」（松田2001a、5頁）と述べている。この考えの背景には、『概念の獲得』『認識の形成』『技能の獲得』といった、日常内容の定着という点に重きを置く教科群に対して、体育は運動という非日常的ないわば『楽しみごと』としての文化内容を扱い、いわば文化内容の生成という点に重きを置く」（松田2001a、10頁）という松田の「かかわり論」が深くプレイに立脚していることがうかがえる。ただし、ここでのプレイのとらえ方は、慎重に解釈を行うことが求められるであろう。

なぜならば、この点については、松田も「遊びとは原的に、自律的で主体的な個人の活動であるというよりは、むしろ人間が個であることを超えた、共生的である特殊な存在状況のこと」（松田2001b）と言及しているからである。これは、運動の機能的特性を中核とする「楽しい体育」論が、竹之下（1980）の欲求論を基盤としながら運動分類が進められたことを鑑みれば、「楽しい体育」の脱構築の視点を提示していると見ることができよう。松田の言及は、一つには遊びの問い方について、「遊びとは何か」という存在論的な問い方へと転換している点、二つには遊びの構造把握の仕方として、「遊ぶ原因・目的因探しから「主体の能動的活動」としてのとらえ方から「存在様態・状況」としてのとらえ方へと転換していると読み取ることができるからである。

一つ目は、「機能的特性論を中核にする授業づくりの中に現れるとされた『楽しさ』の実体化」（鈴木・永島2007、235頁）問題を突破する視点として、二つ目は、「あてどない往還運動、同調運動としての遊び」（西村1989）が、学校体育の中では意志を伴う遊びに過集中してしまい、遊動を奪われたという問題を突破する視点として解釈される。

以上のように、松田が提唱する「かかわり論」とは、プレイの本来あるべき姿を基盤としながら体育の学習内容である運動をとらえ、体育授業を構想していくことの重要性を示唆しているといえる。

7●細江文利の「関わり合い学習」

細江文利は、「ポスト竹之下時代」（1979年〜1991年）の全体研において、1986年〜1987年までの2年間にわたって研究委員長として「楽しい体育」の具体化に尽力している。こうした経歴を持つ細江も、「他者や運動との『関わり合い』の中で課題解決型の学習が促進するように配慮し、運動の機能的特性をゆったり追求するゆとりのある授業を展開することを目指すことになろう」（細江1995）と述べ、青木や松田と同様に、「楽しい体育」の脱構築を試みていることがうかがえる。こうした細江の試みは、「関わり合い学習」というかたちで学術論文や学術雑誌（藤谷・細江1995、細江1995、1997、細江・藤谷1998、細江1999、2005、2008）に発表されている。

細江の「関わり合い学習」は、主として体育学習の背景にある学習観に着目しながら教育における学習観の動向に関する研究を展開されている。細江は、ミラー（1994）の見解を援用し教育における学習観の動向に関する研究を進めている松田・島崎（1997）の考えを参考にしながら、伝統的な学習観（Transmission：伝達）、子どもと課題との取っ組み合いを大切にする学習観（Transaction：交流）を超え、「関わり合い」重視の学習と呼ばれる学習観（Transformation：変化・変容）を切り口にしながら、「楽しい体育」の脱構築を図ろうとしている。

図4の伝統的な学習観（Transmission：伝達）については、次のように整理している。

「学習者が一定の価値や技能や知識を受け取る一方的な流れが支配的」である。ここでの子どもと運動との関係は、実体化された運動種目の技術やルールが子どもに移し与えられるという関わりで捉えられ、教師は、教授・指導として関わる関係で捉えられる。また、グループは協力的で民主的な人間関係を形成するための機能として外在化される。（細江・藤谷1998、3頁）

図5の子どもと課題との取っ組み合いを大切にする学習観（Transaction：交流）は、次のように整理している。

「個々の人は、理性的合理的で、知的に問題を解決しうる存在」と見なされ、教育は「学習者と学

　　　　　　　　　教　師
　　　　　　　　　　┆
　　　　　　　　教授・指導
　　　　　　　　　　┆
　　（学習者）◄─────（学習内容）

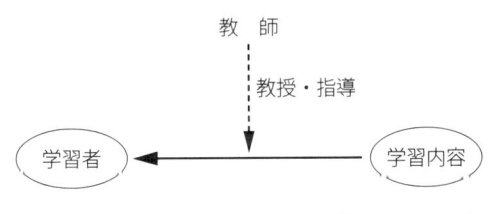

　　図4　トランスミッション（細江・藤谷1998、3頁）

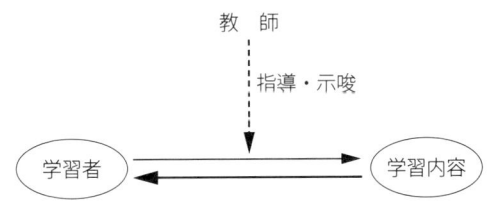

　　　　　　　　　教　師
　　　　　　　　　　┆
　　　　　　　　指導・示唆
　　　　　　　　　　┆
　　（学習者）═════（学習内容）

　　図5　トランスアクション（細江・藤谷1998、3頁）

習課題との間の対話的な相互プロセス」への働きかけとして捉えられる。したがって、「課題解決（学習）のプロセスを導く」ことに焦点が当てられ、ここでの子どもと運動との関係は、運動の特性の明確な運動種目を手がかりに、そこから自己決定される課題を主体的に解決していくプロセスでの子どもと運動との関わりとして捉えられる。教師との関係は、指導・示唆という関わりになる。グループとの関係は、…（中略）…「運動それ自体」を学ぶことに主軸をおきながら、運動の特性のなかにグループを内在化させ、グループ（グループは固定していることに意味がある）の力によって課題解決を図る関わりとして捉えられる。（細江・藤谷1998、3-4頁）

そして、図6が「関わり合い」重視の学習と呼ばれる学習観（Transformation：変化・変容）であり、次のように説明している。

「学習者はたんに知的な側面だけでなく、美的、道徳的、身体的、そして精神的な側面をも含んだ全体として」理解される。…（中略）…つまり、モノ（用具・器具・場づくり・自然など）と私とあなたとの関わりのなかではじめて意味付与され、運動は関わりの中で意味付与された現象として捉えられる。このとき、学習とは「自己」が関わりの中で「新たな自己」に変わり、すると、全体の姿も変わるように、全ての要素が重なり合って螺旋状に意味付与されていくプロセス自体の「経験」を言う。また、教師の関わりは、こうした変化のプロセス全体に対する「支援」としての働きかけとなる。

モノ
(用具・器具、
場づくり、
自然など)

モノ

学習者
(自己)

学習者
(他者)

学習内容
〈螺旋状に意味付与された現象(経験)〉

↑支援
教 師

図6　トランスフォーメーション（細江・藤谷1998、4頁）

そして、グループも…（中略）…モノ・自己・他者との関わりのなかで、意味を共有した存在として成り立ち、その成り立ちは、ある要素が関わりのなかで新たな要素に変わるとグループの姿さえも変容するというように、流動的でオープンエンディッドな関係で捉えられる（細江・藤谷1998、4頁）。

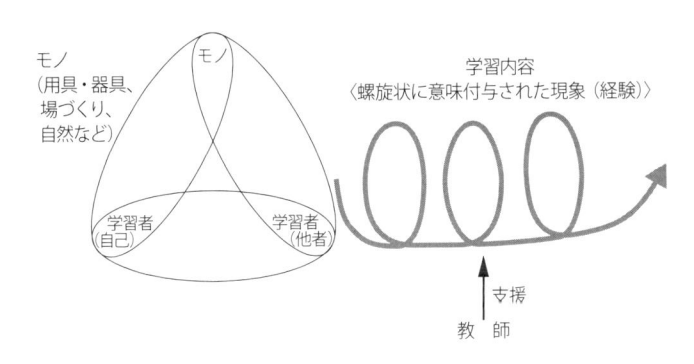

以上の通り、細江の「関わり合い学習」は、「学習」概念の問い直しに迫るものであり、Transaction（交流）の学習観で運用された「楽しい体育」を、Transformation（変化・変容）における『自己』と『他者』の関わりに分析の切り口を求め、『楽しい体育』の目標・内容を、『自己』と『他者』との重なりの変化から生み出されるものとして捉え、…（中略）…『楽しい体育』における運動の特性や運動種目は、学習プロセスの螺旋状の道程の中に結果として意味付与されていく」（細江・藤谷1998、

5頁）ことに求めているものといえよう。

したがって、細江の「関わり合い学習」を理解する際には、「関わり合い」ということばからくる、馴染みやすさや受けいれられやすさから、誤認することのないように留意しなければならないだろう。

事実、教科体育においても、高橋・岡沢ら（1994）や高橋・長谷川ら（1994）、高橋（1995）は「よい授業の条件を見い出すために、他者との関わり合い（相互作用）の視点を用いて分析している」が、「基本的に学習者が一定の価値や技能を受け取るTransmissionの学習観を重視し、そうした学習内容を効率よく学習させるための手段として、自己と他者との関わりを問題にしている」（細江・藤谷1998、5頁）ため、「関わり合い学習」とは全くの別物と見る必要がある。

以上のように、細江が提唱する「関わり合い学習」とは、背景にある学習観をTransmission（伝達）、Transaction（交流）からTransformation（変化・変容）へと転換することで、「学習」概念をこれまで個人の内的プロセスとしてとらえ、所与の知識や技能の個人的獲得と定義してきたものを、他者やモノとのかかわりのある活動を通して意味を生成していく社会的行為と再定義しながら、体育授業を構想していくことの重要性を示唆しているといえる。

8●「楽しい体育」論を超えて

1990年代に始まった関係論的アプローチによる体育学習の研究は、理論的・認識論的パラダイ

表1　これまでの体育学習と関係論的アプローチによる体育学習

	これまでの体育学習	関係論的アプローチによる体育学習
存在論	定着の世界 （超越志向による意味）	生成の世界 （共感志向による意味）
認識論	実体論／実体主義 （客観的な動き、主観的な心理）	関係論／関係主義 （運動の世界、間主観的意味世界）
プレイ （遊び）	人はなぜ遊ぶのか （原因・目的因探し） 主体の能動的活動として	遊びとは何か （存在論的問い） 存在様態・状況として
学　習	Transmission：伝達 Transaction：交流 所与の知識や技能の個人的獲得	Transformation：変化・変容 他者やモノとのかかわりのある活動を 通して意味を生成していく社会的行為

ムにおける転換を目指すものであり、これまでの体育学習と比較すると表1のように整理することができる。

存在論（運動はどのような意味として在るか）では「定着の世界（超越志向による意味）」から「生成の世界（共感志向による意味）」へ、認識論（運動の成り立ちをどのように理解するか）では「実体論／実体主義（客観的な動き、主観的な心理）」から「関係論／関係主義（運動の世界、間主観的意味世界）」への転換が図られていた。また、プレイ（遊び）（遊びの問い方、遊びの構造把握の仕方）では「人はなぜ遊ぶのか（原因・目的因探し）、主体の能動的活動として」から「遊びとは何か（存在論的問い）、存在様態・状況として」へ、学習（学習とは）では「Transmission：伝達、Transaction：交流、所与の知識や技能の個人的獲得」から「Transformation：変化・変容、他者やモノとのかかわりのある活動を

通して意味を生成していく社会的行為」への転換が行われていることが明らかにされた。

こうした理論的・認識論的パラダイムの転換を射程に入れた関係論的アプローチによる体育学習の実践的研究が、21世紀型の体育の学びの創造につながっていくものと考える。

（岡野　昇）

〈引用・参考文献〉

◎青木　眞（1995）転換期にある新しい体育の豊かな深まりを求めて　佐賀大会実行委員会編　第40回全国体育学習研究協議会佐賀大会つみかさね　9－15頁

◎青木　眞（1996a）〔実行委員会〕研究紀要のベース　東京大会実行委員会編　第41回全国体育学習研究協議会東京大会つみかさね　8－10頁

◎青木　眞（1996b）体育に対する基本的な考え方　東京大会実行委員会編　第41回全国体育学習研究協議会東京大会研究紀要　3－22頁

◎青木　眞（1997）「めあて学習」再考の視点　体育科教育45（4）23－25頁

◎青木　眞（1998）新しい体育学習の豊かさを求めて（第24回石川県小学校体育研究大会講演記録　1997年12月25日）金沢市小学校体育研究会編　第25回石川県小学校体育研究会紀要　47－54頁

◎青木　眞（2000）体育授業の構造〔その近代と現代〕（三重学校体育研究会講演資料　1999年12月25日）三重学校体育研究会編　研究紀要1　83－87頁

◎青木　眞（2005）体育における学びとそのパラダイム（第5回学びの会講演記録　2004年12月11日）山本俊彦・岡野　昇編　体育の学びを育む　1－11頁

◎青木　眞（2007）体育授業研究の現在と未来（第15回学びの会講演記録　2005年12月23日）　山本俊彦・岡野　昇編　関係論的アプローチによる新しい体育授業2　32-45頁

◎藤谷かおる・細江文利（1995）教科体育における競争と共生の止揚の試み―組織論に着目して―　体育・スポーツ経営学研究12（1）　1-10頁

◎広石英記（2005）ワークショップの学び論―社会構成主義からみた参加型学習の持つ意義―　教育方法学研究31　1-11頁

◎細江文利（1995）「めあて学習」の目指すもの―全人教育としての「めあて学習」―　体育科教育44（7）　14-17頁

◎細江文利（1997）めあて学習の教育原理　体育科教育45（4）　18-22頁

◎細江文利・藤谷かおる（1998）ネットワーク論導入による「関わり合い」重視の学習観における学習プロセスの検討　体育・スポーツ経営学研究14（1）　1-14頁

◎細江文利（1999）子どもの心を開くこれからの体育授業　大修館書店

◎細江文利（2005）「ワークショップ型」の導入で見えてきた「かかわり」を視点とした授業　こどもと体育13　5　10-11頁

◎レイヴ・ウェンガー：佐伯　胖訳（1993）状況に埋め込まれた学習―正統的周辺参加―　産業図書

◎マッカーシー・ヘイズ・松原　仁（1990）人工知能になぜ哲学が必要か―フレーム問題の発端と展開　哲学書房

◎松田恵示・島崎　仁（1997）児童の発達観と小学校低学年体育科カリキュラムのあり方に関する基礎的研究―現行「基本の運動・ゲーム」の2領域から「運動観」と「運動遊び」の1領域制への根拠―　体育科教育学研究14（1）　25-35頁

◎松田恵示（1998）関わり合いを生み出す授業・低学年―マット遊び―　こどもと体育104　13‐15頁

◎松田恵示（1999）なぜ、子どもにやさしい教材を開発する必要があるのか　学校体育52（9）　7‐9頁

◎松田恵示（2000）移行期における体育授業の進め方（3）「基本の運動」「ゲーム」　体育科教育48（3）　31‐33頁

◎松田恵示（2001a）「かかわり」を大切にした新しい体育授業　松田恵示・山本俊彦編　かかわりを大切にした小学校体育の365日　教育出版

◎松田恵示（2001b）体育内容論―なぜ学校体育から遊びが去っていったか―　杉本厚夫編　体育教育を学ぶ人のために　世界思想社　199頁

◎松田恵示（2003）教材作り、場作りを工夫しよう　体育科教育51（2）　28‐31頁

◎松田恵示（2004）「行う」楽しさを例に―こんな授業づくりがスポーツ好きの子どもを育てる―　体育科教育52（11）　30‐33頁

◎松田恵示（2005）子どもを夢中にさせるカリキュラムをデザインする　体育科教育53（3）　25‐29頁

◎ミラー：吉田敦彦ほか訳（1994）ホリスティック教育―いのちのつながりを求めて―　春秋社

◎本山方子（1999）社会的環境との相互作用による「学習」の生成―総合学習における子どもの参加過程の解釈的分析―　カリキュラム研究8　101‐115頁

◎西村清和（1989）遊びの現象学　勁草書房　31頁

◎岡野昇（2009）公立小学校における校内研修主題の変遷　三重大学教育学部附属教育実践総合センター紀要29　59‐74頁

◎佐伯胖（1995）文化的実践への参加としての学習　佐伯胖ほか編　学びへの誘い　東京大学出版会　1‐48頁

◎作田啓一（1993）生成の社会学をめざして　有斐閣

◎佐藤　学（1995）学びの対話的実践へ　佐伯　胖ほか編　学びへの誘い　東京大学出版会　49－91頁
◎佐藤　学（1996）教育方法学　岩波書店
◎佐藤　学（2007）体育における技能の学び　体育科教育55（2）　9頁
◎佐藤　学（2012）学校を改革する―学びの共同体の構想と実践　岩波ブックレット　岩波書店
◎柴田義松（2011）ヴィゴツキー入門　子どもの未来社
◎新体研・松田恵示（1999）「自己・他者・モノ」の観点から試みた「楽しい体育」の再創造　学校体育52（10）50－57頁
◎杉本厚夫・田口節芳（1984）「楽しい体育」論再考　近畿大学工学部紀要（人文・社会科学篇）51－82頁
◎鈴木秀人・永島惇正（2007）「正しい豊かな学習」から「楽しい体育」への道のり　全国体育学習研究会編「楽しい体育」の豊かな可能性を拓く―授業実践への手引き―　全国体育学習研究会会長　佐伯　胖監修　渡部信一編　学び
◎高木光太郎（2010）文化・歴史学派（ヴィゴツキー学派）の理論とその展開　佐伯　胖監修　渡部信一編　学びの認知科学事典　大修館書店　403－422頁
◎高橋健夫・長谷川悦示・刈谷三郎（1994）体育授業の「形成的評価法」作成の試み―子どもの授業評価の構造と着目して―　体育学研究39　29－37頁
◎高橋健夫・岡沢祥訓・中井隆司・芳本　真（1994）体育授業における教師行動に関する研究―教師行動の構造と児童の授業評価との関係―　体育学研究35　193－208頁
◎高橋健夫（1995）よい体育授業の条件―授業の「勢い」と「雰囲気」を中心に―　体育科教育43（2）10－13頁
◎高島　稔（1992）体育授業評価の構成要素　宇土正彦ほか編著　体育科教育法講義　大修館書店　10－17頁
◎竹之下休蔵（1980）体育における「楽しさ」の考え方と学習指導のすすめ方　学校体育33（15）10－17頁

◎田中智志（2009）学ぶと教える―何のために行うのか　田中智志・今井康雄編　キーワード　現代の教育学　東京大学出版会　141-151頁

◎多々納秀雄（1990）所謂「楽しい体育」論の批判的検討　健康科学12　74-85頁

◎宇土正彦（1983）体育科教育法入門　大修館書店　5-8頁

◎ヴィゴツキー：土井捷三・神谷栄司訳（2003）「発達の最近接領域」の理論―教授・学習過程における子どもの発達　三学出版　21-22頁

◎ヴィゴツキー：柴田義松訳（2003）新訳版・思考と言語　新読書社

◎渡部信一（1998）鉄腕アトムと晋平君―ロボット研究の進化と自閉症児の発達　ミネルヴァ書房

◎渡部信一（2010）高度情報化時代における「教育」再考―認知科学における「学び」論からのアプローチ―　教育学研究77（4）14-25頁

34

第2章 体育における対話的学びのデザイン

1. はじめに

　体育の授業を必ずしも肯定的に受け止めているとはいい難い学び手に対し、対症療法的な方法論で解決に迫るのではなく、私たち人間が拠り所としている思考の枠組み（パラダイム）に着目しながら体育授業の問題を取り上げ、その根源的なレベルから体育授業の再構築を試みることが本章の主題である。そのパラダイムとは、「実体主義／実体論的な認識様式」から「関係主義／関係論的な認識様式」への転換であり、本章の立ち位置は後者に軸足をおいた関係主義を基軸とした体育授業の探究である。
　このような関係主義に立脚した体育授業の研究動向は、1990年代から、いわゆる「楽しい体育」

論者らによって理論的・認識論的パラダイムの転換を射程に入れつつ、「プレイ（遊び）」や「学習（学び）」の概念自体の問い直しに迫ることで「楽しい体育」論の脱構築として始まったが、このような関係論的アプローチによる体育授業の構築に向けた単元構成試案（岡野2008）は見られるものの、その授業デザインの手順について言及した研究は見当たらない。

一方で、教育界においてもこうしたパラダイムシフトを基盤とした新しい学習論による研究が活発化している。産業主義モデルを基調とする認知主義的な銀行貯金型学習から脱し、成熟社会型の学習原理を状況論的な視点から構築する社会構成主義的学習の台頭である。この動向はレイヴとウェンガーの状況主義的学習論の登場以来、先進諸国において世界的規模で展開されることとなり、日本の学校教育現場でも佐伯胖や佐藤学らの「学び論」として広がりをみせている。佐藤（2000）によれば「学び」とは、モノ（対象世界）との出会いと対話による〈世界づくり〉と、他者との出会いと対話による〈仲間づくり〉と、自分自身との出会いと対話による〈自分づくり〉とが三位一体となって遂行される「意味と関係の編み直し」の永続的な過程として定義されている。これは、佐藤が提唱する「学びの共同体」づくりとしての協同的な学びを意味し、デューイの教育哲学とヴィゴツキーの発達心理学に基づいた「対話的実践としての学び」の概念を基礎としている。「関係主義／関係論的な認識様式」の体育授業の学習論的背景は社会構成主義的学習論や状況論的学習論に依拠するものであり、佐藤（1995）が提示する「対話的学びの三位一体論」もこうした学習論に立脚していることから実践適用モデルとして相応しいと考えられる。

そこで本章では、佐藤が提示する「対話的学び」の三つの次元について、授業実践事例を通して解明し（研究課題①）、研究課題①で導き出した三つの次元の内容を踏まえながら、「体育における対話的学び」の授業デザインの手順について提出（研究課題②）してみたい。

2 ●「体育における対話的学び」の三つの次元

佐藤が提示する「対話的学びの三位一体論」に基づきながら構想・実践した体育授業（小学校第5学年37名、リレー（競走）、2011年6月実施、全5時間）を事例としながら、「体育における対話的学び」の三つの次元について検討する。

佐藤（2009）は、対話的学びの授業デザインにかかわり、デザインは単純（simple）に構成するべきであると述べ、学びの機能のデザインとしては次の二つを重視している。一つは「共有の学び」であり、もう一つは「ジャンプの学び」である。前者は授業の前半に組織し、学習者どうしの援助を追求して低学力の子どもの「底上げ」の機能をはたし、後者は授業の後半に組織し、高いレベルの追求を協同的に組織して学びの質の向上をはかろうとするものである。このことは、「授業の内容レベルはより高く設定し、同時に、学びの組織においては最も低いレベルの子どもの問いを授業の中に取り込むこと」（佐藤2006）を目指していると考えられ、「質の高い学び＝ジャンプのある学び」

第2章…体育における対話的学びのデザイン

の創造がポイントとしてあげられる。そこで「体育における対話的学び」の質については、岡野（2008）の「取り上げようとする運動の中心的なおもしろさ（文化の中心的な活動）」を援用しながら、次のように授業を構想した。

一般にリレーは、数人でチームを組み「バトンをつなぎ」ながら一定の距離をチームとチームが勝ち負けを競い合ったり、記録に挑戦したりすることを目指した競争・達成型スポーツと認識されることが多い。しかし、本実践ではリレーの中心的なおもしろさを、一定の距離を複数の人で「速さをつなぐ」運動であるととらえ、二つの課題を設定した。一つは共有の学びとして「ペアの基準タイムを縮めることができるかな」である。「基準タイム」とは、ペアそれぞれの15ｍの合計タイムのことである。もう一つはジャンプの学びとして「走る順番を入れ替えても、ペアの基準タイムを縮めることができるかな」である。いずれの課題も「二人で基準タイムを縮めること」を課題とした探究活動である。単元を通した場は、12ｍ地点から18ｍ地点の間をテークオーバーゾーンと位置づけた。

なお、授業の様子は「エピソード―考察」の順に記述し、「エピソード」は実践の中で学びが生起した場面を取り上げながら記述する（カタカナ名はすべて仮名）。また、「考察」はエピソードで記述された事実に即して検討し、「対話的学びの三位一体論」における「文化的実践・自己内実践・対人的実践」の三つの観点から、それぞれについて記述する。

はじめに、授業中に生起した三つのエピソードを取り上げる。

【エピソード1】

サトシとチカのペアは、単元の1時間目からタイムを速くするためには、「バトンを落とさない」ことが最も大切であると考えていた。バトンを落とさないために、バトンのどこを持つのかということに注意を向けながら練習を行ったり、タイムの計測に取り組んだりしていた。しかし、30mのタイムが、基準タイムの7秒よりもそれほど速くならなかったり（6・83秒）、遅くなってしまうこともあったりした（7・03秒）ため、サトシは「遅くなった理由がわからん」と嘆いていた。そのような中、トシアキとサヤカのペアがタイムを計測するときに、サトシはトシアキから「ちょっと見とって」と声をかけられた。このペアは、単元当初から、第2走者であるトシアキが、テークオーバーゾーンの一番手前の12mの所に立ち、サヤカが走ってくるのに合わせて、少しずつ走りながらバトンを受け渡し、基準タイム（6・15秒）よりも0・5秒程タイムを縮めていたペアであった。トシアキとサヤカの走りを見た直後に、サトシが何か閃いたように目を輝かせ、「走りながらもらったらえぇんや」とチカに話し、二人はもう一度タイムを計るところへ向かった。第1走者のチカが走り始め、テークオーバーゾーンに近づいてくるとサトシは、先程までと違い、12mラインからゆっくりと走り出してクオーバーゾーンの16m付近でバトンを受け取り、ゴールへと向かった。走り終えてすぐに二人が、「0・7秒も速くなった」と授業者に向かって嬉しそうに駆け寄ってきた。続いて、「どうしてそれだけたん」と聴くと、サトシは「もらう前に走り始めるの」と話をした。「もらう前に走り始めること」がいいの）とたずねると、チカは「距離が短くなるから」とこたえ、サト

シは「だってスタートダッシュが速くなるやん」とこたえた。その後、もう一度タイムを計りに向かい、計り終えると再び授業者のところに向かってきたサトシが、何かを確信したように「やっぱ走りながらもらった方がええわ」と伝えてきた。そのため、授業者が「なんでそう思ったん」とたずねると、「だってさっきは（バトンをもらう前に）走らんようにしたん。そしたら、めっちゃ遅くなったんやもん」とこたえた。それに対して、授業者が「すごいな。前のやり方で走ったんや」というと、サトシは、「うん」と自信ありげな顔でうなずいた。

【エピソード2】

ケイコとタクマは、30ｍの練習の場で練習をしていた。第1走者のケイコが12ｍラインに立っているタクマに近づいてくると、タクマはゆっくりと走り出してバトンをもらおうとしたが、タクマの肘が曲がり、少し窮屈そうにバトンが受け渡された。第1走者のケイコは、30ｍの練習を走り終えるとペアのタクマに対して、「もっと速く」と声をかけた。このことばを授業者が聴き、ゴール地点から12ｍラインの方に戻ってきたタクマに対して「何が速くなん」と聴き返すと、タクマは、12ｍのラインに立ったまま9〜10ｍ付近を見て、円を書きながら指差し「あの辺にきたら」と、はっきりしない様子で返答をした。その様子を見た授業者が、「走り始める場所をはっきりさせた方が、走り始めるのが速いか遅いかわかるんじゃない。今どこなんやろ」と助言し、今走り出しているところがど

こなのかをたずねると、タクマは、「今は大体この辺かな」とグラウンドに足で線を引き、自分が走り始めるマークをつけた。もう一度練習を行うときには、この線をケイコが走り過ぎると同時に、タクマも12mのラインからスタートし、18mの線手前でバトンをつないで、タクマはゴールまで走っていった。走っている様子を見て授業者が「もっと遠くにマークしてみたら」と勧めると、タクマは、さっきの線よりも30㎝ほどスタートライン側に線を引き、ケイコがスタートするのに備えた。ケイコがスタートし、先程と同じように18mラインのところでバトンが渡され、1回前よりもスムーズにバトンパスが行われたように見えたため、二人に授業者が「さっきよりもよかったやん」と声をかけた。それに対して、ケイコは、納得していない様子で「いや、さっきの方が速かったと思う」とこたえた。

【エピソード3】

ツヨシは、他の子の走りを見る中で、第2走者が走りながらバトンを受け取ることが大切であると考えていた。第2走者である自分自身も、第1走者が向かってくると、じっと相手を見つめ、バトンを渡されるときは、手元を見ながらていねいにバトンを受け取っていた。しかしツヨシは、第1時、第2時にかけて、7回計測してもタイムが縮まらなかった。授業者に対しても「何回やっても1日目より遅くなる」と、他の子と同じように走りながらバトンを受け取っているのに、どうして自分たちはタイムが縮まっていかないのか不思議に感じていた。そんなツヨシが、第3時の授業後にトシオと話をしていた。二人が話しているところに授業者が行くと、「やっとタイムがあがった」と話をして

きた。「ずっと速くならんっていっとったもんな」と授業者がいうと、トシオと一緒に「チーター大作戦やで」と嬉しそうに伝えてきたため、「それって何」と授業者は聴いた。「追いかけられとるみたいに全力で走るの」といい、「なんでそれがいいの」と再び授業者がたずねると、「だって、バトンを渡すときに遅くなるから」「全力が一緒になったら速いやん」と話した。

●考察1 「速さをつなぐ」ことの芽生え

【エピソード1】のサトシとチカのペアは、基準のタイムを縮めるために、はじめは「バトンを渡す点」のことに意識を向け、それぞれの走りによってタイムを縮めようとしていた。しかし、トシアキとサヤカの走りを見て、タイムを縮めるためには「バトンを渡す点」のことだけではなく、第1走者の走りに合わせて第2走者が走ること、つまり、「バトンを渡し続ける線」が大切であることに気づいた。さらに、もう一度以前行っていた「バトンを渡す点」だけを意識してタイムを計り、その走り方でタイムが落ちたことによって、「バトンを渡し続ける線」が大切であるという気づきを、確かなものにしていった。サトシとチカの姿は、テークオーバーゾーンが、単なるバトンを受け渡す場所や個人の走力に応じて各走者が走る距離を変える（速い子が18m、遅い子が12m）ためにあるという認識から、第1走者の速さを落とさずにバトンを渡し続ける場所という理解に移っていったと考えられる。このテークオーバーゾーンをいかに「速さをつなぐ」ために活用するのかという意識は、リレーの中心的なおもしろさに参加している姿であると推察される。

42

●考察2 他者の走りに合わせてスタートする「技能」が立ち現れる

【エピソード2】のケイコとタクマは、速さをよりよくつなぐための感じを自分たちだけでつかめずにいた。しかし、授業者から走り出すポイントを明確にすることの必要性を助言されたことによって、タクマは第1走者のケイコに合わせたスタートのタイミングの探究が深まっていった。また、【エピソード3】のツヨシは、バトンを大切に受け取るためにゆっくりと走り出していたことによって、タイムを縮めることができずにいた。しかし、「チーター大作戦」をトシオと発見し、「追いかけられる」ことが、「速さをつなぐ」ことにつながるという認識に変化していった。この二つのエピソードは、短距離走のように自分の意志だけでスタートするのではなく、リレーで大切な第1走者の走りに合わせて第2走者がスタートし、第1走者の速さを利用する方法を考えている場面といえる。【エピソード2】では、「明確なポイントがある」ことでタクマは走り出すことができ、【エピソード3】では、「追いかけられるという意識を持つ」ことによって、ツヨシは、第1走者のスピードを落とさずにバトンをつなぐことができるようになった。これらのエピソードは、リレーの中心的なおもしろさに迫るために、自分たちに合った身体の操作方法を見つけようとしている姿と考えられる。また、これらの方法は一般的に大切といわれ、自分の意志通りに身体を操作しようとする「技術」とは異なり、タイムを縮めたい自分たちにとって必要であり、自分が走ろうとすることと同時に、相手の走りに呼応しながら走るという積極的受動性としての身体を持ち合わせた「技能」といえよう。

●考察3 「共有する視点」が生まれることによって深まる他者との探究

【エピソード2】のケイコとタクマは、「速さをつなぐ」ことによってタイムを縮めることができるという実感はある一方で、バトンを渡すときの窮屈さから、ベストの走りではないとも感じている。そこから授業者の助言によって、タクマが走り出すポイントを視覚的に見えるようにして活動を再開した。このポイントがあることで、一本走ったすぐ後に、自分たちが走った感じを振り返り、修正する視点を得ることができた。ケイコとタクマは、自分たちのあいまいな感覚で「速さをつないで」走っていたものが、走り出すポイントという明確な「共有する視点」が生成されてタイムを縮めようとしていた。具体的な「共有する視点」によって、ケイコとタクマは、運動の中心的なおもしろさから設定した課題を、さらに探究する営みに参加していったとみることができよう。

●全体的考察

考察1の「『速さをつなぐ』ことの芽生え」からは、対象世界との対話的実践として、単なるバトンパスの練習ではなく、「速さをつなぐ」というリレーという運動の中心的なおもしろさ（文化的な価値）へ参加する学びが描き出されている。考察2の「他者の走りに合わせてスタートする『技能』が立ち現れる」からは、自己との対話的実践（自己内実践）として、文脈から切り離された既存の技術の獲得を目指すのではなく、「速さをつなぐ」という文化的な価値によって条件づけられた身体活動、すなわち「わざ（身体技法）」の形成過程そのものが深まっていく様子がうかがえる。考察

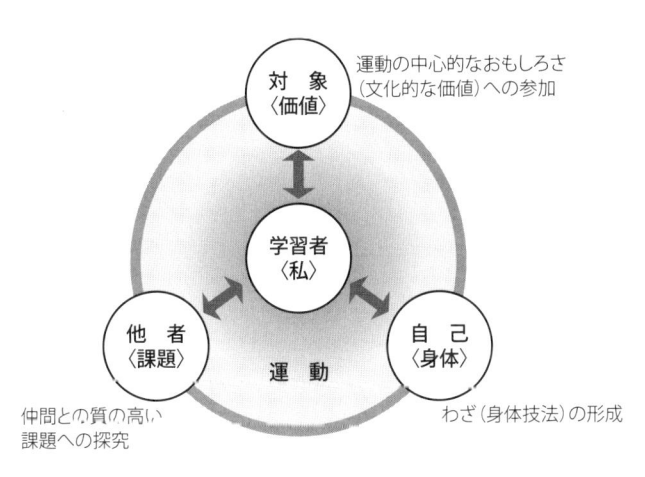

運動の中心的なおもしろさ（文化的な価値）への参加

対象〈価値〉

学習者〈私〉

他者〈課題〉　　　自己〈身体〉

運動

仲間との質の高い課題への探究　　　わざ（身体技法）の形成

図1　「体育における対話的学び」の三位一体

3の『共有する視点』が生まれることによって深まる他者との探究」からは、他者との対話的実践（対人的実践）として、仲間との教え合いや助け合いを中心とした協力学習を超え、課題を仲間と共有する視点の生起の様子がうかがえる。また、全16ペアのうち15ペアにタイムの伸び（基準タイムから最高タイムを引いた値）が認められ、基準タイムの平均は6・93秒、最高タイムの平均は6・09秒、タイムの伸び平均は0・84秒であった。このことからも、本実践の課題である「二人で基準タイムを縮めること」という探究活動が展開されていたものと推察され、本実践では文化的実践と自己内実践と対人的実践が三位一体となりながら、リレーの学びを成立させていたものと考えられる。

以上のことを踏まえると、体育における対話的学びの三つの次元（図1）は、対象との対話的実践（文

化的実践)においては、「運動の文化的価値への参加」を意味し、「運動の中心的なおもしろさ(主題づくり)」が重要となって位置づけることができ、文化的に価値の高い経験を組織する状況づくり(主題づくり)が重要となってくる。また、自己との対話的実践(自己内実践)においては、「自己の身体との対話」を意味し、「わざ(身体技法)の形成」を実感することができる内容づくりが重要となってくる。さらに、他者との対話的実践(対人的実践)においては、「仲間との質の高い課題への探究」を意味し、「共有の学び(平等)」と「ジャンプの学び(質)」を基本とする平等と質の同時追求ができる課題づくりが重要となってくる。

3●「体育における対話的学び」の授業デザインの手順

体育授業の単元の基本構想には、次の二つの視点が欠かせない(青木1995)。一つは、単元としての「まとまり」のあり方が本質をどうとらえるかという「内容構成」の視点であり、単元の「何か(概念)」と「何を(目的)」を把握する視点である。もう一つは、単元の展開における手続きのあり方、あるいは、どんな性格の学習を組織するかという「展開構成」の視点であり、単元の「どのように(方法)」に関する骨子となる視点である。これを前述した「体育における対話的学び」の状況づくりとしての「運動の中心的なおもしろさ(文化的な価値)」、内容づくりとしての「わざ(身体技法)」、課題づくりとしての「共有の学びとジャンプの学び」の3点に当てはめてみると、単元の「内

容構成」は、どのようなまとまりで「運動と身体の経験」を主題化するかという「学びの内容」の視点であり、状況づくりとしての「運動の中心的なおもしろさ（文化的な価値）」と内容づくりとしての「わざ（身体技法）」を位置づけることができる。また、単元の「展開構成」は、どのような課題で、どのような性格の学びにするかを考える「学びの展開」の視点であり、課題づくりとしての「共有の学びとジャンプの学び」を位置づけることができる。この単元構成の視点に基づき、「体育における対話的学び」の授業デザインの手順について、「リレー（競走）」を事例的に取り上げながら、検討していくことにする。

まず、第1点目は「運動の中心的なおもしろさ（文化的な価値）」を設定することである。これは取り上げようとする運動とは「何か（概念）」に相当し、その運動のAuthentic（真正な・本物の）なおもしろさを導き出し、単元の主題（テーマ）を設定することである。「リレーとは何か」について歴史的・文化的な観点からひも解き、「リレーの何がおもしろいか」を明確にする作業である。そもそも〈リレー relay〉とは、中世英語あるいは古フランス語で〈予備に控えておいた猟犬や馬〉を意味する〈relais〉や、〈中継する〉意味のフランス語〈relayer〉を起源とし、〈猟や旅で、前の者が疲れたときにこれに代わるべき1組の替え馬、継ぎ馬、替え犬〉を意味することばでであった。それが20世紀になって、同じ意志を引き継いで交代していく様子を表わすものとして、この種目を示すことばとして使われるようになった」（岡尾1987、1339頁）。すなわち、「同じ意志を引き継いで」の意味するところが、「バトンパスにおいて前走者と次走者の両者がスピードを生かしうまく引き

継」（岡尾1987、1339頁）ぐことができるかであり、リレーでは「いかに『前走者のスピード（速さ）』を次走者に継続できるか」を追求する運動となる。よって、リレーでは「バトンパス」が大切であるという常識的な認識を解体し、「前走者の『スピードパス』によりチーム全体のスピードを競うことに文化的な価値がある運動」と再構成し、授業をデザインしていくことが重要になってくる。

しかしながら、一般的なリレーの授業の展開は、短距離走の練習、バトンの受け渡し練習（二人から複数人）、試しのリレーと練習して、リレー競走に入ることが多いように思われる。こうした基本と応用という区別は、基本動作を組み合わせればゲームに必要な技能が獲得できる、あるいはゲームで必要な技能は個々の基本動作の習得を前提とする考え方に基づくものと考えられる（山本2003、314頁）。これについて山本（2003、317頁／2005、151頁）は、ゲーム技能として組織化される運動と、基本動作として組織化される運動は同じなのかという疑問を呈し、基本動作で考えられる個々の動作の獲得も不可欠であることを認めつつも、環境との連続的かつ多様な相互作用を操作する学習方法（複合運動学習）を提案し、練習内容を考慮することによって、応用技能とされる複雑に見える技能も獲得できる可能性があることを検証している。つまり、一つのまとまりある運動は、そのままとまりのまま獲得する方が望ましいということである（Yamamoto 2004）。この「一つのまとまりある運動」というものが、前述した「運動の中心的なおもしろさ（文化的な価値）」がある運動となり、「この合目的的な運動の最小単位は何であるかを検討すること」（山本2005、1

53頁）が、授業デザインにおいて第2に重要な手順となる。

そこで第2点目として、「わざ（身体技法）」の内容を設定することである。これは取り上げようとする運動の「何を（目的）」に相当し、その「運動の中心的なおもしろさ（文化的な価値）にふれる運動の最小単位（身体の経験）」を明確にすることである。リレーでは、「前走者の『スピードパス』によりチーム全体のスピードを競うことに文化的な価値がある運動」であるため、前走者の終末局面と次走者の準備局面が融合し、新たな運動になる（リレーになる）ための「わざ（身体技法）」が、リレーにおける学びの中心となり内容となる。このような環境との相互作用における行為の可能性については、ギブソンのアフォーダンスの理論（James J. Gibson 1985）に依拠するものであるし、一つの運動の終末局面と次の運動の準備局面が融合し、新たな運動となる局面融合の考え方はマイネル：金子訳（１９８１）の研究で解明されている。すなわち、リレーにおける運動の最小単位とは、前走者の終末局面と次走者の準備局面による融合局面ととらえることができ、そこには「自分の意志から離脱して走り出す身体（客体としての身体）」と「自らの意志で走る身体（主体としての身体）」の往還が見られるであろう。前走者の場合は、次走者のスタートダッシュに働きかけられて、終末局面においても主要局面におけるスピードを落とさないで走るという行為が発動するであろうし、次走者の場合も、前走者の失速しない終末局面の走りによって走り出し、準備局面における加速局面を省略する走りを生成することになろう。こうした行為は、学習者が意図的につくりだすものではなく、「学習者／自己」の身体と「環境／他者によるスピード」との相互作用によって「自然に」生み出される

ものであることが特徴である。山本（2005、154頁）によれば、これが身体の捌きが見られた状況であり、身体の捌きは意図的に学習するものではなく、身体と環境との相互作用の中から生まれるものであるとしている。本章では、この「身体の捌き」を「わざ（身体技法）」と位置づけ、「自己／身体」が何に働きかけられて動き出すのかを研究し、対話の対象（「他者」や「モノ」）の内容を設定すると同時に、「客体としての身体（脱意志）―主体としての身体（意志）」の往還の観点から「わざ（身体技法）」の内容を設定することが重要になってくる。

次に、「学びの展開」では、原則的に二つの課題を設定することが重要になってくる。第1の課題は「共有の学び」として位置づけることである。これは基礎的事項を共有する学びであり、「運動の中心的なおもしろさ（文化的な価値）」を仲間と共有する営みである。そして、第2の課題は「ジャンプの学び」として位置づけることである。これは少し難しい課題に挑戦することを通して、「運動の中心的なおもしろさ（文化的な価値）」を仲間と共により深く探究する学びである。いずれも「運動の中心的なおもしろさ（文化的な価値）」を共有し、探究する理由は、一人残らずすべての学習者に文化的な価値に触れさせることと、授業における学習内容のレベルを高く設定することで文化的・学問的に価値の高い経験を保障するためである。いわば、「平等（Equality）」と「質（Quality）」の同時追求（佐藤2011）を目指す営みとなる。

先述の授業実践事例でも見てきたとおり、課題①の「共有の学び」では「走る順番を入れ替えても、ペアの基準タイムを縮めることができるかな」、課題②の「ジャンプの学び」では「ペアの基準タイムを縮めて、ペアの基準タ

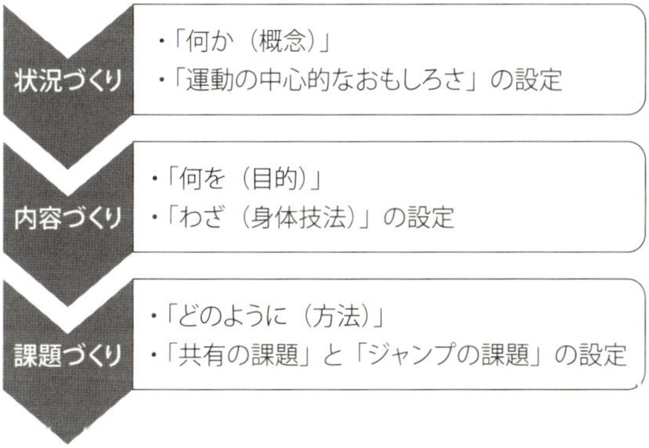

```
状況づくり  ・「何か（概念）」
          ・「運動の中心的なおもしろさ」の設定

内容づくり  ・「何を（目的）」
          ・「わざ（身体技法）」の設定

課題づくり  ・「どのように（方法）」
          ・「共有の課題」と「ジャンプの課題」の設定
```

図2　「体育における対話的学び」のデザインの手順

イムを縮めることができるかな」という課題が設定できるであろう。そして、ペアで30mリレーを行う場合、個々で走った15mのタイムを合計したタイムが、そのペアの「基準タイム」となる。リレーの中心的なおもしろさは、「前走者のスピードをつなぐこと」であるため、「基準タイム」を上回っていればそれは「リレーになっている」、下回っていればそれは「リレーになっていない」ということになる。このような状況を課題として設定することで、個々の走力の問題は問われなくなり、すべての学習者を平等にリレーの中心的なおもしろさに触れさせる環境を準備したことになろう。また、ペア内で走る順番を入れ替えてみたり、ペアの相手を変えてみたり、ペアを組み合わせて四人組に変えてみるなどの条件の変化は、多様な他者のスピードに対応する「わざ（身体技法）」の探究となり、質の高い文化的な価値を享受していく学びが展開されるよ

うに考えられる。

以上の検討から、「体育における対話的学び」の授業デザインの手順は、図2の通り提示することができる。

4 ● おわりに

本章で提示した「体育の対話的学び」の授業デザインの内容とその手順は、これまでの体育教育における正確な動きの伝達・指導を目的とした「運動の指導・教授」とは異なるものである。それは、学習者の可能性を拓く「環境のデザイン」こそが、運動指導場面には重要であることを強く示唆するものである。すなわち、運動の指導や学習場面で重要なことは、学習者を変えることではなく、学習者と相互作用する環境を変更することによって、学習者の可能性を引き出すことである。したがって、本章で提示してきた「課題」の意味は、単なるドリルやタスクとして課せられる題目ではなく、学習者の可能性を拓く「環境のデザイン」のことであり、それは「運動の中心的なおもしろさ（文化的な価値）」という制約の中で、学習者自身の「わざ（身体技法）」について、仲間と共に探究する事柄ということになる。

こうした授業デザインの展開は、今日の学校教育における学習者の学力と体力の二極化問題やコミュニケーションスキルの低下問題の解決につながるものと考えられ、「知識基盤社会」の時代を生

きるための知識・情報・技術をマネジメントできる資質や能力が育まれるものと思われる。

（岡野　昇）

〈引用・参考文献〉

◎青木　眞（1995）宇土正彦監修　学校体育授業事典　大修館書店　147-149頁

◎James J. Gibson：古崎　敬・古崎愛子・辻　敬一郎・村瀬　旻訳（1985）ギブソン　生態学的視覚論—ヒトの知覚世界を探る—　サイエンス社

◎マイネル：金子明友訳（1981）マイネル・スポーツ運動学　大修館書店

◎岡野　昇（2008）関係論的アプローチによる体育授業の構築に向けた単元構成試案　日本学校教育学会創立20周年記念論文集　195-209頁

◎岡尾恵市（1987）日本体育協会監修　岸野雄三編集　最新スポーツ大事典　大修館書店

◎佐藤　学（1995）学びの対話的実践へ　佐伯　胖ほか編　学びへの誘い　東京大学出版会　72-81頁

◎佐藤　学（2000）「学び」から逃走する子どもたち　岩波ブックレット　56-57頁

◎佐藤　学（2006）学校の挑戦　小学館　38頁

◎佐藤　学（2009）ラウンドテーブル5　学びにおける協同（collaboration）の意義—「学びの共同体」の場合—日本教育学会第68回大会　432頁

◎佐藤　学（2011）学びの共同体＝改革の現在　学びの共同体夏季研究会資料

◎山本裕二（2003）「練習内容」という制約による動作の違い　バイオメカニクス研究7 No.4　313-318頁

◎Yamamoto, Yuji (2004) An alternative approach to the acquisition of a complex motor skill: Multiple movement training on tennis strokes. International Journal of Sport and Health Science 2 pp. 169-179

◎山本裕二（２００５）複雑系としての身体運動　東京大学出版会

第3章 体育における対話的学びの実践

1 「運動の中心的なおもしろさ」からデザインする
―― 小学校 マット遊び、マット運動の実践

(1) 「運動の中心的なおもしろさ」という視点

マット運動は、「頭や背中がイタイから嫌い」「体がカタイから苦手」「技がデキナイからつまらない」。この古くから叫ばれ続けている子どもたちの声に、私たち教師はどのようにこたえてきただろうか。

こうした子どもたちの声を「問題提起」として受け止めてみると、私たち教師のマット運動に対する

55

固定化された観念（例えば、「できるようになることが楽しい」とそれに基づいて行われる的外れな指導（例えば、「手のひらをマットにしっかりついて、おへそを見ながら小さくなって、ボールのように転がってみましょう」）が浮き上がってくるのである。

実は、先人が生み出してくれた「わざ」は、痛くもなく、体の硬さもあまり関係なく、とても心地よく、しかも美しく回転することができるようになっている。そして、こうした「わざ」は「運動の中心的なおもしろさ（文化の中心的な活動）」を享受する過程において編み出されてきている。

それでは、マット運動における「中心的なおもしろさ」とは一体何だろうか。私たちはそれを《（私が）転がる─（私を）転がす》おもしろさ」ととらえている。

前転で考えてみよう。まず、子どもはそこにマットがあるから転がろうとする。でも、マットがあるからといって無茶な転がりを行うと痛い思いをしてしまう。だから、マットに接地していく体の背面を順々（後頭部→背部→腰部）にマットに溶け込ませていくように転がろうとする。そのように転がり始めるまでは自分の思い通りに体を操ることができるが、一旦転がり始めるとそうはいかない。転がっている流れに自分の体をまかせることが求められ、それにうまく乗ることができたときに、はじめて自然な立ち上がりが現れる。

このように、前転という「わざ」は、「順次接触」という技術と、前半の下半身による運動エネルギーを後半の上半身に伝えつないでいくという「伝導」という技術によって、自然で（美）という意味）、心地のよい（快）という意味）転がりをもたらせてくれるといえよう。つまり、「わざ」とは「技術

＋意味」のことであり、「意志（転がる）と脱意志（転がす）」の往還としての身体操作によって得られるおもしろさ（快・美）こそが、マット運動の「中心的なおもしろさ」といえ、その世界へ参加し、新しい自分に出会う（「マット運動って、私にとって、よいものだなぁ…」）ことが、マット運動における学びと考えるのである。

そういう意味で「できるようになることが楽しい。だから、できないとおもしろくない」というとらえ方は、あまりにも漠然としており、「なぜ、そのことをマット運動において学ぶのか」にはこたえされていないといわざるを得ない。跳び箱運動でも水泳でも縄跳びでも、はたまた、習字やそろばん、ピアノなどを取り上げてもよいことになってしまう。また、「手のひらをマットにしっかりついて（＝体をしっかり支えることからスタートすることで）」、「おへそを見ながら小さくなって（＝回転力をあまりつけすぎずに）」、「ボールのように転がってみましょう（＝自らの意志によって転がってみましょう）」では、幼児に見られる「でんぐりがえし」はできるようになるかもしれないが、前転の「運動の中心的なおもしろさ」は味わえないままに過ぎ去っていく可能性が高いように思われる。

これらのことが、わが国の学校教育における今日的課題の一つとしてあげられる「学びの空洞化」につながっているものと考えられる。

それでは次に、「運動の中心的なおもしろさ」を基軸に授業を創造しようとしたとき、具体的にどのような授業となるのか、私たちが試みた三つのマット運動の授業を紹介してみたい。

| 前方宙返り | 跳び前転 | 大きな前転 | Gボールなし前転 | Gボール前転 |

図1　前転の変容過程（岡野2009、34頁）

(2) Gボールと一緒に転がろう

 本実践は、小学校第3学年を対象に行った授業である。授業では一貫して前転を取り上げ、Gボールを抱えて一緒に転がったり、Gボールを抱えたイメージで転がったり回ったりする活動を行った。

 まず始めに、自分で抱えられるようなGボールを持って前転をし、次にGボールなし（Gボールを抱えているイメージ）の前転を行った。Gボールをイメージすることで、順次接触がスムーズに行われ、子どもたちからは「気持ちいい」という声も聞かれた。さらに、大きなGボールを抱えたイメージで前転していくことで、自然と小さな前転から大きな前転へ、さらには跳び前転、前方宙返りへと変化していった（図1）。

 これら、Gボール前転、Gボールなし前転、大きな前転、跳び前転、前方宙返りは、一つひとつ別々に発生してきたものではなく、順次接触や伝導によって得

マットに目印シートを三つ置き、どの場所で技を終えるのかを意識して取り組む。マットの中央の目印で立つためには小さな前転になり、逆に奥の目印で終えるためには大きな前転で回転する必要がある。

図2　回転することのおもしろさ（稲垣2009、111頁）

られる「クルッと転がってしまう気持ちよさ」を享受・探究してきた結果、立ち現れてきたものである。

(3) すっと立てるかな

本実践は、小学校高学年児童を対象に行った授業である。本単元（全6時間）では、中学年までに経験した基本技（前転・後転・川跳び側転）をより深く味わうことで、マット運動における回転のおもしろさに触れることを目指した。具体的には、「どこに、どうやって立つのか」という技の終末局面を意識させ、そのことによって基本技が大きくなったり小さくなったりするときの感覚や体の感じを味わうことで、回転するおもしろさに触れることをねらった。そのために子どもたちには、立ちたい所に「目印シート」（ホームセンターなどで販売されている滑り止め用マットにマジッ

クで両足が入るくらいの円を描いて作ったもの）を置かせ、自分が「すっと」立てる場所を意識させた。そして、基本技の回転のおもしろさに触れたあと、基本技でのいろいろな立ち方やいろいろな場（細マット、下り坂マット、段々マットなど）や目印シートを使った発展技（例えば、跳び前転の場合は目印シートをだんだん遠くへ置く、開脚後転や伸膝前転ではお尻の位置に目印シートを置くなど）を楽しむ活動を展開した（図2）。

目印シートを使ったときには、自分が一番「すっと」立てる位置はどこか、目印シートの位置を前後に変えながら、何度も繰り返し活動する姿が見られた。また、どんどん目印シートを遠くすることで、怖さを感じずに、大きな前転（跳び前転）へと技を広げることができた。

(4) からだとの対話

本実践は、小学校第5学年を対象に行った授業である。「からだとの対話」を主題（テーマ）に掲げ、その手立てとして「水」を取り上げている。水は重力や流れなど、自然の原理に支配されているため、一度水に動きを与えると後は水の慣性によって流れていく。このように、からだの内にある水を感じながら倒立したり、ゆっくり転がったりする活動（テーマⅠ：からだの内にある水の流れを感じながら、からだを操る活動）と水の流れをイメージしながら回転する活動（テーマⅡ：回転する自分をイメージし、そこへからだを乗せていく活動）で単元を展開した実践である（図3）。

また、主題を探究するために次の三つのことに主眼をおきながら単元を展開した。第1に、一つひ

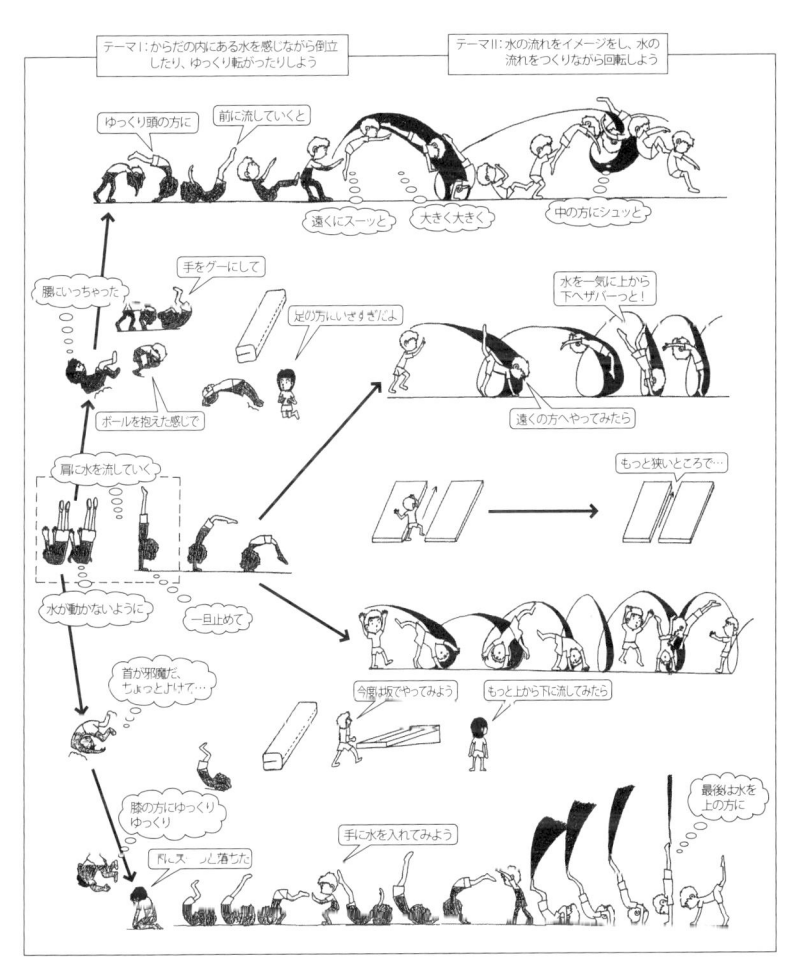

図3　単元計画（岡野2009、35頁）

とつの技を課題として提示し、それを解決する学習から、技や技の体系の意味（からだがスムーズに流れていく意味）を味わえるような学習を目指した。第2に、課題解決のための易しい（危険回避の）場づくりは、からだを鈍感化させ、本来の技の意味も消滅させてしまうと考え、できるだけもともとの場（フラットな場）で行うようにした。これにより、からだに対し敏感に技の意味を感じられるようにした。第3は、相手の技の解決のために教える、励ますという手段的な仲間とのかかわりを超え、テーマに向かう協同の探究者として、試技し合い、観察し合い、表現し合うという互恵的な学びを目指した。

単元当初は、一定の動きを獲得・達成できたかどうかという意識が強く、水を感じたり、イメージすることが難しかったようだが、しだいにそれを乗り越えしなやかでなめらかな表現をする子どもが増えていった。

(5) おわりに

いずれも、これまでのマット運動の授業実践とは、いささか異なった展開であることがおわかりいただけたかと思う。「運動の中心的なおもしろさ」を明確にするということは、単元としての「まとまり」のあり方や本質をどうとらえるかという「内容構成」の視点の明確化であり、学習指導案に掲げる1番目の単元目標を明確に設定する視点でもある。これなしには、単元を「いかに・どのように」進めるかという「展開構成」はあり得ないだろうし、挑戦的で創造的な授業づくりも困難を極めるこ

とになろう。

〈引用・参考文献〉
◎稲垣なをみ（2009）体育科　マットワールド（マット運動）　白旗和也・細江文利編　小五教育技術63（2）
◎岡野　昇（2009）子どもに対する見方を見直そう　体育科教育57（8）

（岡野　昇）

(6)実践報告へのコメント──佐藤　学(学習院大学教授)

　マット遊び、マット運動の学びは奥が深い。そこには身体運動の身体技法（文化）とそれを実現する技の基本が濃縮している。小学校でマット遊び、マット運動の授業を数多く観察し、ときには授業を行ってきたが、いつも考えるのはその奥深さである。私の実践では「マットとのお話（手で対話）」から始まり、「ボールになってみよう」から前転へ、後転へ、前転系から横転系への流れで、自然な運動の「美」と「快」を求めてきた。この実践報告の文章を読んで「これはすごい」と思った。この短い文章には、マット遊びとマット運動の「文化的意味」（おもしろさ）と身体運動の科学と身体技法（アート）が濃縮して表現されている。

　報告は、マット遊び、マット運動の文化的意味を「〈（私が）転がる─（私を）転がす〉おもしろさ」と表現し、その「わざ」を「順次接触」とエネルギーの「伝導」として示している。そのとおりであ

る。その具体的指導としての「Gボール」の活用は、すぐにでも実践してみたい技術である。Gボール前転からGボールなし前転への身体技法の文化的意味とその技、さらには自然な動きによる〈美〉と〈快〉が身体感覚でまるごと学ばれる。「すっと立てるかな」という表現も秀逸である。このめあてによって、身体活動に入力と脱力のリズムが生まれ、ひとまとまりの運動（ムーブメント）が生みだされる。

「からだとの対話」の実践による「身体＝水」のイメージは、野口体操を思い起こさせるが、野口体操における「からだとの対話」では十分には進展しなかった「技や技の体系の意味」が学びの内実として組織されている。

つねづね考えてきたことだが、マット遊び、マット運動は、小学校の体育科において、もっと大切にされ、もっと研究され、もっとていねいに指導されるべき題材である。そこには文化としての身体運動と身体技法のエッセンスが充溢しているからだ。さらにいえば、体育の学びのおもしろさや文化的意義も充溢している。この報告は、そのことを改めて確認させてくれる。

2 ●「運動の中心的なおもしろさ」に迫る学び
――中学校第3学年 長縄跳び運動、跳び箱運動の実践

(1) 長縄跳び運動 (ダブルダッチ) の実践

一般に長縄跳びは、「縄をよく見て跳びましょう」という声かけに代表されるように、縄に引っかからずに跳ぶ運動と認識されがちである。しかし、本授業デザインでは、長縄跳び運動の中心的なおもしろさを「縄がつくりだすリズムに合わせること」ととらえ、次の二つの課題を設定した。

・課題①：むかえ縄回旋 (1本の縄) の速いリズムに合わせ、跳び続けることができるかな (共有の学び)
・課題②：2本の縄 (ダブルダッチ) になっても課題①のリズムに合わせ、跳び続けることができるかな (ジャンプの学び)

【エピソード1】

ミサキはクラスの中でただ一人、2本の縄が回旋する中に入ることができなかった。上下する縄の軌道を目で追いかけるものの、縄を怖がるように両手で顔を守り、縄を足で蹴るようにして回旋する縄の中へ入ろうとしていた。課題を達成した別グループのサオリが、ミサキに教えたり見本を見

第3章…体育における対話的学びの実践

せたりしていたが、ミサキの入るタイミングは一向に変わらず、ミサキ自身も諦めかけていた。
　その様子を見ていた大学教員が回し手のサオリに「大波小波は跳べるかな」と声をかけた。サオリは縄を回すのをやめ大波小波にしたが、やはりミサキはむかってくる縄に入ることができなかった。そこで、大学教員がもう一人の回し手のナオと交替し、縄が自分にむかってきたときに「跳びながら入る」という課題をミサキに伝えた。自分のタイミング（入ってから跳ぶ）で入ろうとしていたミサキも、繰り返すうちに「跳びながら入る」というタイミングをつかんでいった。
　しばらくして、「これが回るの」とむかえ縄回旋になると、ミサキは再び縄の軌道を目で追い始めた。そのため、大学教員が「（縄が床を打つ所を指し）ここ、ここだけを見ていれば、さっきと同じ」と助言した。するとミサキの目線は床へいき、縄の中へ入ることができた。その後、「一緒だからね。（むかえ縄を指し）手前の縄を跳ぶ」という大学教員の声にミサキはうなずくと、怖がる様子もなくダブルダッチの縄に入ることができた。

【エピソード 2】
　課題の「ダブルダッチで 5 回跳ぶ」を一度は達成したマユとチカではあったが、入った後の縄に引っかかることが多く、「やべぇ、もっと跳べるようにならな」、「なぁ、全然跳べへんのやけど（跳べないけど）」と話をしていた。その後、マユは 6 回跳べたものの、特に喜ぶこともなく、「キレイに跳びたいよな」とハルカに話しかけていた。すると、隣のグループで一定のリズムを刻んで跳ぶメグミの

姿を目にしたマユとハルカは「軽やかやな」とつぶやき、メグミの真似をし始めた。
そこへ、チカが膝を高く上げ、大きな音を立てながら縄を跳んでいたため、ハルカは「ドンドンドン」といって大笑いした。そして、チカが縄に引っかかると、マユは「こうやって」とリズミカルに跳んで見せた。チカはわざと大きく音が出るように膝を高く上げ床を鳴らして跳んでみせると、隣にいたアイが「ドンドンドン」といいながらチカの姿を再現して見せた。続けて、チカが「こうやって跳んだらいいんか」と軽くリズムを刻むように跳ぶと、「そうそう」とハルカがうなずき、アイもそれを真似し始めた。

(2) 跳び箱運動の実践

　一般に跳び箱運動は、跳び箱を障害物と見立て、障害物を克服することが本質であるとする克服型スポーツとして認識されることが多い。しかし、本授業デザインでは、跳び箱運動の中心的なおもしろさを「支持跳躍によって生まれる第2空中局面の雄大さを味わうこと」ととらえ、次の二つの課題を設定した。

・課題①…着手の位置を手前にしても美しく跳び越すことができるかな（共有の学び）
・課題②…着手の位置をどこにしても美しく跳び越すことができるかな（ジャンプの学び）

【エピソード3】

カズは運動に対して受け身的であり、跳び箱運動では小学校時に着地に失敗し頭から突っ込み、マットに顔を強打した体験がある。跳び箱の5段の高さを開脚跳びで跳び越す（またぎ越す）ことはできるものの、着地の際は前のめりになり不安定な着地を繰り返していた。

カズと同じグループのアヤは、どのような運動でも器用にこなすことができる子で、この日の課題である「どこまで手前に着けるかな（着手をどれだけ手前に着いて跳ぶことができるか）」はクリアしたと考え、グループの友だちに教えることを中心に活動していた。

カズは、この課題に何度もチャレンジする姿を見せていたが、満足がいく結果を得ることができないでいた。しかし、アヤのアドバイスのおかげもあり、次第に目に見えるように着地が安定してきた。それは、「どこまで手前に着けるかな」や「どこまで離して跳べるかな（跳び箱から何足分踏切板を離すことができるか）」という課題を探究する中で、踏み切りと着手の二つの空中局面に入る前の「身のこなし方」に気づいていったためである。

一方、カズが跳び箱の手前に手を着いて、「（着手後の）切り返しが、なかなかうまくいかんなあ」とつぶやきながら、何度も何度もひたむきに課題にチャレンジする姿に、アヤ自身にも変化が現れ始めた。それまでの教える側に従事していた活動から、新しい自分の課題（着手の位置をどこに着いても美しく跳び越すことができる）を設定しチャレンジする活動へと変わっていった。

（岡野　昇・伊藤茂子）

68

(3) 体育における学びの三位一体

まず、【エピソード1】のミサキのつまずきは、「回旋する2本の縄を跳ぶことができなかった」わけではなく、「縄のリズムに合わせることができなかった」のである。その証として、「縄のリズムに合わせること」を課題として取り組んだ結果、本人も諦めかけていたダブルダッチに入ることができるようになった。そもそも縄跳び（遊び）とは、縄が回旋していない時代があり、次第に回旋し始め、その後ダブルダッチが生み出されたという歴史がある。縄跳びのおもしろさは、縄のリズムに合わせて歌われるわらべ唄が残っていることや、ダブルダッチが本来「韻を踏んで跳ぶ」といわれていることから、「なわのリズムに合わせること」だと考えられる。ミサキの跳び方は、「大波小波→むかえ縄回旋→ダブルダッチ」と変わっているが、「縄のリズムに合わせること」は変わっていない。すなわち、縄跳びの世界で変わらず先人たちによって享受され続けていることが、縄跳びの文化的な価値といえ、「縄跳び（遊び）の中心的なおもしろさ」と呼ぶことができよう。対象世界との対話とは、文化遺産としての跳び方を獲得する行為ではなく、歴史的プロセスにおいて先人たちが味わい続けてきた「縄跳び（遊び）の中心的なおもしろさ」に参加することといえよう。

次に、【エピソード2】のハルカとマユは、自分たちだけでは気づかなかった軽やかに跳び続ける「感じ」を、チカとメグミの跳び方の違いから見つけ出している。そして、ハルカとマユはメグミの真似をすることで、その「感じ」をつかもうとし、その「感じ」になっていないチカの姿を大笑いし、マ

ユはチカに「こうやって」とリズミカルに跳んで見せながら、その「感じ」をつかませようとしている。メグミの跳び方を真似するマユの身体は、意志から離脱した「客体としての身体」として、また、チカに跳んで見せるマユの身体は、自らの意志によって動く「主体としての身体」として位置づいている。このことから、体育における自己との対話とは、自らの身体そのものを道具として、「縄跳び（遊び）の中心的なおもしろさ」のために使用する方法、つまりは「身体技法の形成」と位置づけることができよう。

最後に、【エピソード2】では、ハルカとマユがメグミに触発され、「あんなふうに跳んでみたい」と思うことで「ダブルダッチで5回跳ぶ」という課題を「軽やかに続けて跳ぶ」という質の高い課題に変えていった。その後のチカとアイにも後者の課題が共有され、グループ全体に広がっていった。また、【エピソード3】のアヤはひたむきに課題にチャレンジするカズの姿から、自らの取り組みを見直し、新しい課題を設定するに至った。こうした事実からいえることは、体育における他者との対話とは、道徳主義的な仲間とのかかわりを指すものではない。なぜなら、仲間づくりやなかよし集団づくりが、体育の授業内容の中心にはなり得ないからである。対象世界との対話で述べた「身体技法の形成」から導き出された中心的なおもしろさ（文化的な価値）と、自己との対話で述べた「身体技法の形成」から導き出された課題こそが、体育の授業の中核的な内容として位置づくことになろう。つまり、体育における他者との対話とは、単元で取り上げる運動の文化的な価値を明らかにし、それに伴う身体技法から導き出された課題を仲間と探究する営みということができよう。

70

以上のことを踏まえると、体育における学びの三位一体とは、対象世界との対話（文化的実践）においては、「運動世界への参加」を意味し、「運動の中心的なおもしろさ（文化的価値）」や「Authentic（真正な・本物の）なおもしろさ」を明確にした状況づくりが重要となってくる。また、自己との対話（自己内実践）においては、「身体技法の形成」を意味し、「客体としての身体（脱意志）」と「主体としての身体（意志）」の往還を感じ、認識することができる内容づくりが重要となってくる。さらには、他者との対話（対人的実践）においては、「仲間との課題の探究」を意味し、一つは「共有の学び（平等）」として、もう一つは「ジャンプの学び（質）」として、平等と質の同時追求ができる課題づくりが重要となってくる。

（岡野　昇）

＊

【エピソード3】に登場するカズは、小学校の頃、授業中に指名をされると答えはわかっていてもみんなの前で発表できずに泣いていた子であった。現在も自分から挙手することはないが、少しずつ友だちの前で自分の思いを話すことができるようになってきている。また、アヤとは普段の生活では全く交わらないが、授業の中では学び合う関係にある。このように、全教科・全学年を通じた「学びの共同体」の理念に基づいた授業の展開は、生徒の持っている力を引き出し、日常の固定化された人間関係を崩し、互恵的な学びを生成した。また、私自身も学び、変わることができた。「長縄跳び運動は縄を跳ぶのではなく、リズムに合わせる」や「跳び箱運動は高く跳ぶことではなく、第2空中局

面のフワッとした感覚や美しさの探究である」ということは驚きであった。これにより、どの単元においても「運動の本物のおもしろさ」とは何かということを、常に考え直すようになり、私自身の質を高めなくては学びの質は高まらないという新たな課題が見つかった。

(谷 理恵)

(4) 実践報告へのコメント――佐藤 学(学習院大学教授)

学びの対話的実践の「三位一体論」は、もともと数学や科学の探究的な学びを想定した理論化であり、正直に告白すれば、体育や音楽や美術のように「わざ(身体技法)」の学びを想定してはいなかった。もちろん「わざ」の学びにおいても根本的な原理は共通していると確信していたが、「三位一体」がいっそう鮮明に表されている実践とその省察は感動的である。

特に「文化的価値の中心」に迫る「真正な学び」が生成する過程や、教師や仲間や道具の援助(「足場かけ」と呼ばれる)が、発達の最近接領域で機能する条件について、本報告は、どの教科の実践記録よりも明快に説得的に提示している。

それらに加えて私が学んだのは、三つの対話的実践における「応答」と「協応」(coordination)の働きである。縄跳びにおいても跳び箱においても「協応」の機能が素晴らしい。そこに啓発された。

72

3 ● 質の高い学びをデザインする
——小学校第6学年 素早い往復走の実践

(1) 素早い往復走の実践

一般に体力向上を直接ねらっている体力を高める運動は、「回数の増加・時間の短縮」という量的な側面で運動が評価されがちである。本授業では、「巧みな動きを高める運動」で例示されている「素早い往復走」を取り上げる中で、質的な高まりを目指したデザインを行った。「素早い往復走」の運動の中心的なおもしろさを「素早い切り返し」と設定し、このおもしろさを味わう身体技法であるスピードコントロールの質を高めるために三つの課題を設定した。

＊　　　＊　　　＊

【課題①・②の行い方とルール】（写真1）

・1チーム四人。
・玉を1球持った走者がスタート位置から約10m離れたフープに玉を置いて戻り、次走者につなぐ。
・10球を置き終わったときのタイムを計測。

写真1

【課題③の行い方とルール】（写真2）
・三角形の頂点に各チーム一人ずつ入り、三人で対戦。
・真ん中のフープに玉を五つ置く。
・自分のフープに一番早く三つ集めると勝ち。
・1回に一つずつしか玉を運ぶことができない。
・真ん中のフープに玉がなくなったら、対戦チームのフープから玉を持ってくる。

＊　　　　＊　　　　＊

・課題①：10球置くタイムを早くしよう（共有の学び）。
・課題②：フープ半個分遠くなっても基準タイムより早くゴールできるかな（ジャンプの学び1）。
・課題③：相手よりも早くゴールできるかな（ジャンプの学び2）。
＊課題①のチームの最高タイムを各チームの基準タイムとした。

【エピソード1】
　第2時の15分過ぎのことである。同じチームのナオトとナミは、全体で計測するとき、フープに正対してボールを置くような動きであった。ナオトは計測の中で半身になって玉を置く場面も見受けら

写真2

74

れたが、ナミはいつもフープに真っ直ぐ向き、玉を置いていた（写真3）。フープの近くで動きを観察していたカオルに私は、「ナミだけ動きがちがうように感じるんやけど」と投げかけてみた。カオルは、「着いてからさ、ナミの場合は体勢が低くなる」とこたえた。ナオトは自分たちの計測が終わると、同じ場所で活動をしているカオル・トモ・リオ・アキトの班の動きをフープの間近で観察していた。

そして、ナオトはカオルたちのチームの計測が終わるとスタート位置にいた自分のチームの所へ駆け寄り、チームのマリエに対して自信ありげに「あのさあ、真っ直ぐ取りに行くと回転に時間がかかるやん。斜めにさ」というと、すかさずマリエが「OK！ OK！」といい、実際に動きながらナオトに確認をした。マリエは玉を置く動作まではゆっくりで、半身になって置きながらくるっと振り返るところのスピードをあげて行っており、その局面を強調して伝えようとしているように見えた。笑顔で戻ってきたので、私が「何、何」とたずねてみると、マリエが「ナオトが、こう行く（からだを真っ直ぐにして置く）とこの回転に時間がかかる（写真4）。時間が無駄やから、斜めに」とこたえ、今度はナオトも間髪を入れず「こうやって斜めに。ここ（フープに近い方の足）でも踏ん張れるし」と話した。

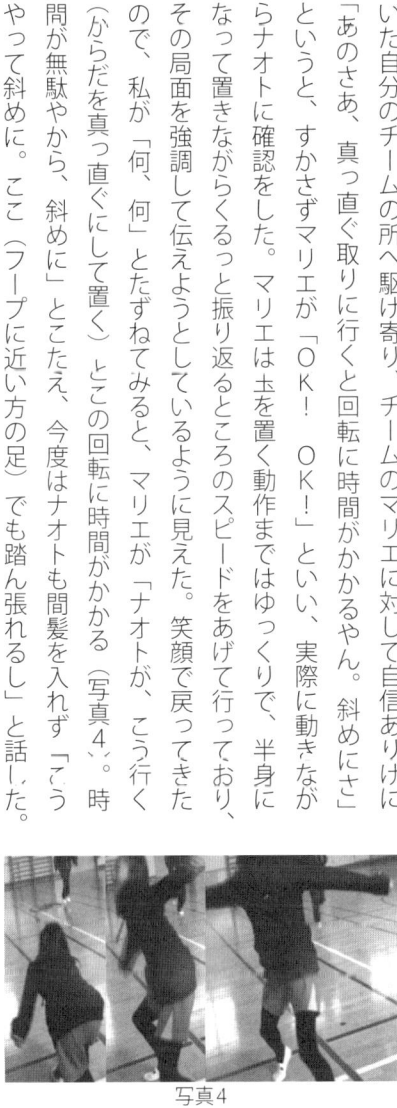

写真4　　　　　　　　　　　写真3

私も、今の発見を確かなものにしてほしいと考え「あそこのチーム（カオルたちのチーム）もやっとるよな。そういわれると」とさきほどの計測でタイムが縮まったと喜んでいた隣のチームが練習している動きに目を向けさせ、確認をさせた。近くでこのやりとりを聴いていたナミに、私が「自分がどうやって置いとったか記憶ある」とたずねてみると、自分の動きを思い出すようにしばらく考えてはいたが、ことばとしては出てこなかった。ナオトたちは実際に練習を始め、その中でナオトはもちろん、ナミも少し半身になろうと動くようになり（写真5）この時間の最後の計測時には、玉を置く瞬間に戻る方向に顔が向いているほどの動きになっていた。

【エピソード2】

第4時の40分が過ぎたときに【課題③】でショウ・アキト・ダイの三人が対戦をしていたときのことである。ショウは、運動が好きで運動に対し思考を巡らしながら活動できる子である。ショウは、【課題②】のときには、チームの決め事となっていたのか、常に左手で玉を持ち、右手でタッチをしてスタートをし、左手で玉を置いていた。【課題③】になってからは、自分の利き手である右手で玉を取ったり置いたりしてゲームに参加していた。この対戦のときにも、「よーい、ゴー」の合図とともに、真ん中の玉を右手で取り、自分のフープへ玉を置くときも変わらず右手で置いていた（写真6）。二

写真5

つ目を取りに行くときも、同じように、真ん中のフープにある玉を右手で取って自分のフープのところへ戻ろうとした。その途中に、ショウはふっと周りの状況を確認するように、一瞬振り返った。ショウはダイの所（写真で左手前）に玉が二つあることを見つけ、玉を置いた後にはダイの所に向かおうと、次の瞬間に右手にあった玉を左手に持ち替え（写真7）、これまでと反対の向きになって左手で玉を置き（写真8）、ダイのフープに向かって走っていった。

(2) 素早い往復走における質の高まり

① 融合局面の出現

【エピソード1】のナミは、初めフープに正対する形で玉を置いてから、戻っていくような動きであった。しかし、ナオトとマリエのやりとりを聴く中で、回転することで時間のロスが生まれてしまうことに気づき、体を半身にして、戻る準備の動きを行いながら玉を置く動きへと変化している。

往復走を【1：往路】「スタート〈準備局面〉→走る〈主要局面〉→玉を置く〈終末局面〉」と【2：復路】「スタート〈準備局面〉→走る〈主要局面〉→次走者へタッチ（課題③の場合は続いてスタート〈終末局面〉

写真8　　　　写真7　　　　写真6

77　第3章…体育における対話的学びの実践

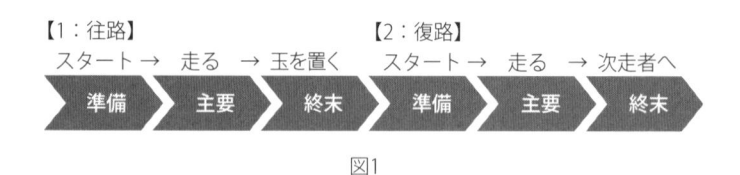

【1：往路】　　　　　　　　【2：復路】
スタート → 　走る 　→ 玉を置く　スタート → 　走る 　→ 次走者へ

> 準備 > 主要 > 終末 > 準備 > 主要 > 終末 >

図1

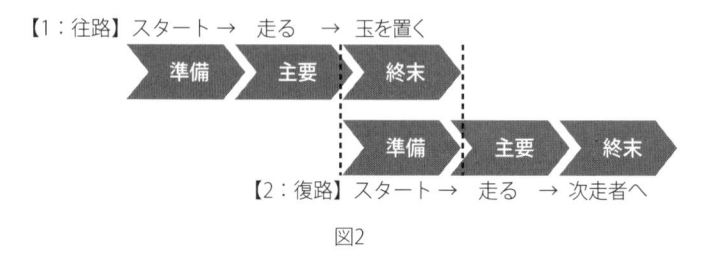

【1：往路】スタート → 　走る 　→ 　玉を置く

> 準備 > 主要 > 終末 >

　　　　　　　> 準備 > 主要 > 終末 >
　　　　　　　【2：復路】スタート → 　走る 　→ 次走者へ

図2

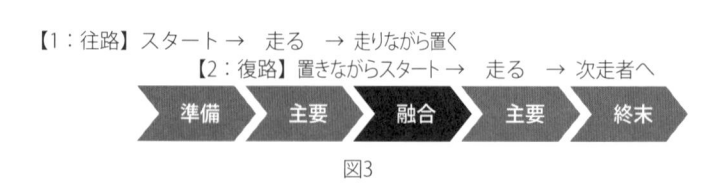

【1：往路】スタート → 　走る 　→ 走りながら置く
　　　　【2：復路】置きながらスタート → 　走る 　→ 次走者へ

> 準備 > 主要 > 融合 > 主要 > 終末 >

図3

として考えると、*1、運動開始時のナミの姿は、【1：往路】と【2：復路】の動きが分断されており、玉を置いてから再びスタートするという2回の短距離走を行っているような動きといえるだろう（図1）。

一方で、ナオトが他のチームを観察した中での気づきをマリエに伝え、二人のやりとりを聴いてからのナミの動きは、単にフープまで全力で向かい、玉を置いてから戻るという分断されたものではない。復路の第1歩目をスムーズに出す姿勢や体重をかける場所の変化、そして正対から半身への変化によって、【1：往路】の〈終末局面〉と【2：復路】の〈準備局面〉が重なり合い（図2）、「走りながら置く」「置きながらスタートする」という〈融合局面〉が立ち上がることで素早い折り返しが生まれたと見ることができよう（図3）。

素早く折り返すために融合局面を生み出すといった動きの質の高まりは、巧みな運動で高めたい「バランス能力」「力の調整」「リズミカルな動き」の三つの力にも直結している。なぜなら、復路のために往路の終末局面から体重移動をするためには「バランスを取って動く」ことが必要であるし、動きの方向を変化させる際に時間のロスをできるだけ無くして復路のスタートにつなげるためには、「力を調整して動く」能力が欠かせないからである。さらに、力を調整する能力を高めようとする中で、緊張局面と脱力局面の流れるような移行が特徴である「運動リズム」も同時に高められると考えられる。

②空間における運動の先取り

【エピソード2】のショウは、【課題②】のときには、スムーズに走者が替わるために左手で玉を持ち、走っている間に持ち替えることはなくそのまま玉を置いている。また、第3時から行った【課題③】の初めには、利き手の右手で玉を取ったり玉を置いたりする動きを繰り返している。このようなショウが、第4時のゲーム中に周りの様子をうかがった瞬間に玉を左手に持ち替え、これまでと反対の向きで玉を置き次の場所へ走っている。

この動きは、単に玉を素早く置きながら再スタートする位置を切ることにとどまらず、【課題③】の達成という「運動目的の先取り」をする中で、次に向かう位置を見据えている「運動投企の先取り」を行っている動きであると考えられる。この「運動の先取り」によって、往路と復路の融合局面をより生み出しやすくしていると考えられる。[*2]

融合局面を生み出すために、状況に合わせた「運動の先取り」を行う姿は、小学校高学年の学習内容を超えて中学校体育の「巧みな動きを高める運動」で目指す質の高い動きであると考えられる。小学校では、行い方の例示として「コースをリズミカルに走ること」が表記されているが、コースとは「運動競技で、定められた通路、進路」を意味する。【課題①・②】では、玉を置く場所が一か所であったため、子どもたちは一定のコースを走っていたとみることができる。一方で中学校の「巧みな動きを高める運動」では、例示として「様々な空間を歩いたり、走ったり、跳んだりして移動すること」が挙げられているが、「空間」は「あらゆる方向への広がり」を指している。【課題③】では、状況に

80

よって玉を取りにいかなければならない場所が次々と変化する。その中で瞬時に玉を持ち替え、置く向きを変えるといった「運動の先取り」をしたショウの動きは、「あらゆる方向へ素早く移動する」ために状況に合わせて出現した動きといえよう。

(加納岳拓)

〈注及び引用・参考文献〉

*1 マイネル：金子明友訳（1981）は、全身を使うどのような労働の運動やスポーツの運動でも、局面構造として準備局面・主要局面・終末局面の3分節から成立するとしている。

*2 マイネル・金子明友訳（1981）は、運動が組み合わさっているときには、次の動作に移る前に運動の目標や目的が先取りされ（運動目的の先取り）、その目的に合わせるように行為の展開が規定される《運動投企の先取り》としている。

◎マイネル：金子明友訳（1981）マイネル・スポーツ運動学　大修館書店

(3) 実践報告へのコメント──佐藤雅彰（元富士市立岳陽中学校校長）

この授業報告から学べることは、ナオトやショウのように学び上手な子どもが育っていることである。そうした子どもに育つのは、授業者の子どもへの接し方のよさや子どもを見とる力量が高いからである。例えば、運動の中心的おもしろさである「運動、リズムなど」に気づいていないナオトやナ

ミを見逃さず、しかも指導では二人に直接かかわらず、別のグループのカオルに身体の動きをたずねている。ナオトは、そのやりとりを聴くことで他のグループを丁寧に観察するようになり「力の調整、バランスなどの技」に気づき自分のグループで学び合っている。理解の遅いナミにしても仲間のやりとりを聴く過程で「玉を置く動作が次の運動のスタートになる技」を学んでいる。体育の授業では「技の学び合い」が入らなければ意味がない。いつも一つの技を授業の中に入れていくことが大切である。

もう一つ、単元の授業構成がプロジェクト型に構成され、課題のレベルが後半になるほど高くなる特徴がある。課題が高くなるほど、子どもは困り感を示すが、その解決のために互恵的な学びが生起し、「技」や「運動リズム、運動の先取り」などという学びが成立する。子どもの技能を上げるには、やはり課題づくりが大切である。

4 ● 質の高い学びを保障する教師のかかわり
―― 小学校第6学年　跳び箱運動の実践

(1) 跳び箱運動の授業実践

　一般に跳び箱運動は、跳び箱や技を克服すべき対象とし、支持して跳び越すという結果に目が向けられてきた。本授業デザインでは、跳び箱運動の中心的なおもしろさを「高さへの挑戦（＝またぎ越

し)」ではなく、「第２次空中局面における体勢変化（＝支持跳躍運動）」ととらえ、三つの課題を設定した。

・課題①：自分が跳び越せる場で「ピタッ」と立てるかな（共有の学び）。
・課題②：滑り止めマット（＝踏み切りに近い位置）に手を着いて跳び越しても「ピタッ」と立てるかな（ジャンプの学び１）。
・課題③：ビーチボールに触らず跳び越しても、「ピタッ」と立てるかな（ジャンプの学び２：写真１）。

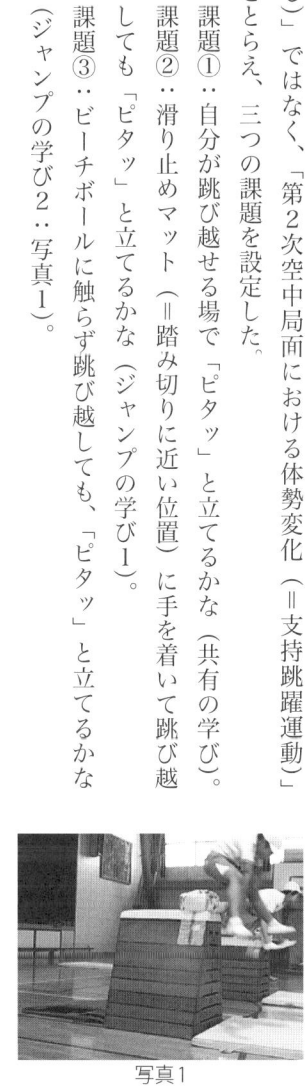

【エピソード１】

第１時の授業が約35分過ぎた頃の場面である。８段の場でピタッと止まるために大切なこととして、多くの子が「着地をするときに膝を使う（曲げる）こと」と話をしていた。そのことを聴いて、マリはフワッとゆっくりと着地しようとする意識となり、ピタッと着地できるようになった。同じように、次のアイも跳び箱を跳び越え、膝を使って着地をしようとした。膝を曲げて着地をしたが、そのまま前に倒れていってしまった。その姿を見た私は、ペアの子の跳び方を見るために着地用のマットの横に座っていたミキヤに「今、膝を曲げようとしたけど立てやんだよな。なんでやろ」とたずねた。もう一度アイが跳ぶときに、ミキヤは注意深く跳び方を観察し、特に着地の瞬間に目を向けていた。私が「どう」ともう一度問いかけると、ミキヤは「アイはつま先のほうに行っとる。つま先で立っとる

写真１

から」と話をした。続いて跳ぶショウ、コウダイの「ピタッ」と止まった跳び方を見て、ミキヤは先ほど見つけたことを確信したかのように、勢いよく「やっぱりや。今の二人は、足裏全体で着いとるもん」と話をした。

【エピソード2】
　第3時の授業の約20分ごろの場面である。第3時から滑り止め用のマットを跳び箱上の中央に置き、そこに手を着いて跳ぶようにした。この課題のもと、活動をしていたが「ピタッ」と立てなくなる子が続出した。そこで、その中の一人であるタツの跳び方をみんなで見ることにした。タツは、ブロックマットの場で跳んだが着地で前にいってしまい膝を着いて倒れた。この姿を見たコウダイから「助走をもっとゆっくりしたほうがいい。ゆっくりやったら『ピタッ』と止まれるで」というアドバイスがあった。勢いがありすぎるために「ピタッ」と止まることが苦手なセイジに「助走の勢いのこと考えたことある？」とたずねると「うぅん。なかった」とこたえた。
　タツに続いてトモキもみんなの前で跳んだ。トモキは、中学生用の跳び箱（長さ120㎝）6段を跳んでいたため、跳ぶ前に私が、「助走の勢いがなくなったらこの長い跳び箱跳び越せなくない」とたずねると、トモキは「そうなん」とこたえ、実際に跳ぶ姿をみんなで観察した。トモキは、跳び越すために勢いよく助走を開始した。トモキは、跳び越したものの前につんのめって勢いを抑えること

【エピソード３】

第４時の授業の約35分ごろのことである。７段の跳び箱でミホ・ユウ・ルイが活動をしていた。ミホとユウは、余裕をもって跳び越すことができるものの、着地を見ることができずに、前に１歩・２歩出てしまうような跳躍をしていた。そこで、私は、ルイに対して「体育ノートに、『ピタッと立つために、顔を上げるといい』って書いてあったけどどういうこと？」とたずねた。ルイは、「手を着いてからマットを見るんじゃなくて、上を見るん」と話した。私が「なるほど。顔が下向いとるとあかんのや」と確認すると、それを聴いたミホは、その方法を試したくなったのか「あっ、そうなん。やってみよ」とボソッとつぶやいて助走位置に走っていった。これまでと同じような助走スピードで走り、踏み切り、着手をしたときに顎を上げ、着地をしようとした。着地をしたとき、一瞬「ピタッ」と止まったようになったが、勢いを止めることができず、左足が少しだけ１歩前に出た。しかし「あっ、なんかわかった」と少し晴れや

ができずそのまま前に転がっていった。トモキは、ロイター板を跳び箱にぴったりとくっつけて跳んでいたため、それを前に離し始めた。そこで、ユウジが「もっと離した方がいい」といってロイター板の所に向かい、跳び箱からロイター板を離し始めた。そこで、実際にユウジにも跳び方を見せるように促した。みんなの前で跳ぶと、踏切から着手までに距離があるために、スピード感のある跳躍で着手時に腰がほぼ肩と同じぐらいの高さまであがっていたが、着手によってブレーキがかかり、フワッと着地をした。

かな表情をしながらつぶやき、ルイも「そうそう。顔」と返した。そしてミホは、もう一度助走位置に戻っていった。そしてもう一度助走を開始し、跳躍をした。今度も、さっきと同じように着地と同時に顔を上げようとしたが、顎だけではなく首をぐっと上げるような跳躍となっていた。そして、今度は余裕をもって「ピタッ」と着地をした。

【エピソード4】

第5時の授業が約25分過ぎた場面である。

ショウヘイは、前半の活動の際に、ビーチボールが置いてある6段の場で「ピタッ」と止まることができなかった。私は、子どもたちを集合させ、みんなにショウヘイが止まれない姿を見せることで「ピタッ」と止まる方法を考えようとした。これまで着地のときに体が「くの字」になり、そのまま前へ歩いていくような跳躍であったが、みんなの前で跳んだときには、同じようにからだは「くの字」になってはいるものの、膝を曲げ足の指先にぐっと力を入れたこと

写真2

写真4　　　　　　　写真3

86

でなんとかその場で止まることができた。

その後、活動に戻り、ナオトとショウヘイが同じ6段を跳んでいるマサオの姿を着地用のマットの横で見ながら（写真2）着地時の体の体勢と手の位置について話をしていた。

ナオトは、「ピタッ」と止まることができたマサオが着地したときに、手が胸の前くらいにあることに気づき、ショウヘイに向かって「手が上にあるで」と話し、ショウヘイの跳躍は、みんなの前で跳んだときと同じように体が「くの字」に折れ、手が腰の方に行っていた（写真3）。ナオトは「やっぱりや」と何かを確認したように つぶやき、「ショウヘイもやけど、止まれやん子は、手が股の下に行ってそのまま後ろに行くんや」とショウヘイに向かって動きの違いを説明した（写真4）。

(2) 学び合いを生み出す教師のかかわり

① 「完成された運動を見合う場」から「未完成な運動を共有する場」へ

【エピソード2】では、跳び箱の真ん中くらいに着手せざるを得ない課題により「ピタッ」と立つことができなくなった一人の「タツの跳び方をみんなで見ること」を行っている。【エピソード4】では、「ビーチボールが置いてある6段の場で『ピタッ』と止まることができなかった」ショウヘイの運動をみんなで見合っている。

この二つのエピソードは、いずれも未完成の運動であるが、タツもショウヘイも全体の場で運動す

ることを拒むわけでもなく、授業者に促されながら自然なかたちで運動を行っている様子が描き出されている。また、【エピソード2】の場合は、課題が難しくなったため「大多数の困り感」をタツが代表として行ったケースであり、【エピソード4】では、ショウヘイの止まることができないという「個人の困り感」を全体に見せることで「授業者が気づかせたいポイント」を浮かび上がらせようとしている。

いずれの場合も、全体の場で共有されていることは、「正解（完成された運動）」ではなく、「問い（未完成の運動）」ととらえることができる。全体の場が目指すべきものが提示され、それを確認し合う場というより、未完成の運動が「問い」として提示され、そのことを全体で分かち合う場として機能していることがわかる。逆にこうした学びが可能となるか否かは、学習者がとり結んでいる他者関係の豊かさに依存することとなり、未完成の運動を安心して見合う関係づくりが求められることになろう。

② 「運動者中心の指導」から「運動観察者の指導」へ

【エピソード1】では、ペアの子の跳び方を見るために着地用のマットの横に座っていたミキヤに「今、膝を曲げようとしたけど立てやんだよな。なんでやろ」とたずねることで、ミキヤに漠然と跳び方を見るのではなく、着地局面に焦点化した運動の観察を促している。これをきっかけに、ミキヤはペアの子以外の跳び方を観察しながら、着地のポイントを自分のものにしていく姿が描き出されて

いる。

【エピソード3】では、ルイに対して「体育ノートに、『ピタッと立つために、顔を上げるといい』って書いてあったけどどういうこと？」とたずねることをきっかけに、着手後の顔の向け方についてルイとのやりとりを始めている。このやりとりは同じ活動場所にいたミホの運動のヒントとして役立てられることとなり、その運動に対しルイが声かけを行うことで、ミホの着地は着手後の体勢が起き上がり、余裕のある跳躍へと変容している。

授業者は、【エピソード1】のミキヤには仲間の運動を観察させることで、つまずきの原因を発見させようとし、【エピソード3】のルイには自らの気づきに立ち戻らせ、授業者とのやりとりやミホへの声かけを通して、わかり直すことを促している。このように運動を行っていない子どもに対し、積極的にたずねながら他者の運動を観察させることは、その子自身が抱えている運動のつまずきに気づかせることにつながっていくであろう。また、【エピソード3】のルイのように、授業者とのやりとりを通して得た気づきは、ルイ自身のものとして留まるのではなく、ミホへも還元されていることから互恵的に学びの質が高まっていくものと考えられる。

運動を行っている者に対し、直接指導を行うというスタイルは、体育の学習指導においてもよく見られるが、学びの質的向上を目指すのであれば限界があるだろう。例えば、本単元において跳び箱は7台設置してあることからいえば、7名が運動者となり30名が運動待機者として位置づくことになるからである。7名に対する運動指導に留まるのではなく、30名に対する運動指導、つまりは運動の観

察の仕方や運動観察者と運動者をつなぐ指導は、体育における実質的な学び合いとして機能するものと思われる。

（加納岳拓）

(3) 実践報告へのコメント——佐藤雅彰（元富士市立岳陽中学校校長）

運動待機者のミキヤに「膝を曲げようとしたけど立てやんだんだよな」と視点を与え、それをきっかけにミキヤは仲間の着地をつま先まで丁寧に観察し技を探究する。また跳ぶことが苦手なセイジには「助走の勢いのこと考えたことある？」とたずねている。私は、一人称の子どもへの個別対応が素晴らしいというつもりはない。そのこと自体には何の意味もない。そうではなく授業者が、一人の子どもや大多数の困り感を大多数の「問い」にして協同的な学び合いで確認し合おうとしていること、さらに運動者としての育ちと、運動待機者としての育ちの同時追求をしていることが素晴らしいと思った。一般的に運動者への視点はあっても、運動をしていない子どもたちを学びにどう参入させるか、このまなざしに欠けていることが多い。

この記録を読むともう一つ授業者が運動の中心的なねらい「空間での体勢変化」という視点をもち、「技＝ピタッと止まる」をポイントに子どもの事実を見る目にぶれがない。子どもの困り感がわかったとき、どう学びをデザインするか（教師のかかわり）も伝わってくる。よく「プラン」と「デザイン」は違うといわれるが、どんなに素晴らしい「プラン」であっても事実に即してデザインし直すこ

とができなければ個の学びは成立しない。

5●安心と没頭を生み出す学びをデザインする
──中学校第3学年　短距離走・リレーの実践

(1) 学びの共同体の理念に基づいたリレーの授業デザイン

私が実際に作成した授業デザインは、概ね次の通りである。

○単　元

短距離走・リレー（2×15mリレー）

○テーマ

「前走者の速さをつなごう」

リレーとは「次に受け継ぐ、交代、中継」という意味があるが、単元が「短距離走・リレー」ということで、ここではバトンをつなぐという意味ではなく「前走者のスピードを次の走者につなぐ」という意味で取り組む。

○指導計画

〈第1時〉
・15mのタイムを測定する（共有の学び）。
・二人の合計タイムをもとに、基準タイムを決める（共有の学び）。
・テークオーバーゾーンは8m。

〈第2時〉
・前回の基準タイムを縮める（共有の学び）。
・条件を変えても最速の基準タイムを縮める（ジャンプの学び）。
・条件とは、テークオーバーゾーンの変更や、走順の変更など。

〈第3時〉
・走順を変えたり、ペアを変えても前回の最高タイムが落ちないようにする（ジャンプの学び）。
・テークオーバーゾーンは6m。

　授業デザインは、「体育における対話的学び」の授業デザインの手順（岡野・山本2012）に基づきながら作成した。授業デザインシートは、生徒たちと学びを共有し、学びを深めていくために、できるだけシンプルにするように心がけた。
　まず、「主題」を明確にした。一般的にリレーといえば、「次走者にバトンをつなぐ」ということを

考えがちだが、それはタスキをつなぐ駅伝でも可能なことである。ここではリレーでしか味わえないおもしろさ（運動の中心的なおもしろさ）を探し、主題として設定しようとした。リレーの語源や意味、歴史をたどっていくなかで、「前走者の速さを次走者につなぐ」ということにたどり着いた。そこで、男子4×100mリレーの世界記録と日本記録を比較してみた。世界記録はジャマイカの36・84秒、日本記録はアジア記録でもある38・03秒である。それぞれ個々の走力ではジャマイカの選手には遠く及ばない日本人選手であるが、リレーでの「利得時間（「四人の100m記録の合計タイム」－「4×100mリレーのタイム」）に注目するとジャマイカを上回っている。それは四人の100m走の合計タイムが、ジャマイカは38・93秒、日本は40・34秒であり、その差は1・41秒のひらきがあるが、リレータイムに注目するとその差は1・19秒となっている。すなわち、利得時間はジャマイカが2・09秒であるのに対し、日本は2・31秒と0・22秒ジャマイカを上回っていることがわかる。

そこで本授業では、日本記録のリレーにおける利得時間が1ペアあたり0・77秒（4×100mリレーはバトンパスが3回あるため、「2・31秒÷3」で算出）であることを伝え、世界一の日本人選手のバトンパスに少しでも近づけるように挑戦させようと考えた。

次に、「内容（わざ）」を明確にした。主題であげたリレーのおもしろさを探究するためには、何を「わざ（身体技法）」として学ばせるかを導き出すために、リレーにおける最小単位を探した。そして、前走者（渡し手）は自分のスピードを落とさずバトンを渡さなければならない、次走者（受け手）は前走者のスピードを落とさせずバトンを貰わなければならないということに注目した。これは、渡し

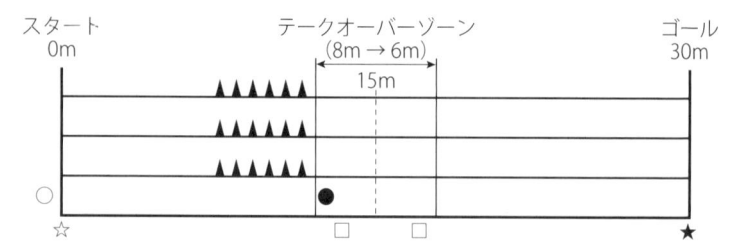

```
スタート                テークオーバーゾーン                          ゴール
0m                     (8m → 6m)                               30m
                          15m
          ▲▲▲▲▲▲
          ▲▲▲▲▲▲
          ▲▲▲▲▲▲
   ○                ●
   ☆                □      □                                    ★
```

六人組で活動を進める。各コースに1m間隔でカラーマーカー（▲）を置き、ゴーマーカーの役目とする。渡し手（○）はスターター（☆）の合図で走り、受け手（●）にバトンを渡す。受け手がゴールすると計測者（★）より記録を確認し、アドバイザー（□）を中心にグループで課題を浮き上がらせる。役割を変えながら、繰り返し行う。

図1　場の設定

手の運動と受け手の運動が重なる場面としてとらえることができる。この行為が行われる場面はテークオーバーゾーンにあり、ここでの身体のつかい方を学びの内容として位置づけた。実際の授業では図1の場を設定し、わざの形成を目指した。

最後に、「課題」として、主題と内容を踏まえた上で「共有の学び」と「ジャンプの学び」を設定した。

共有の学びは、主題から外れず全員が学べることであり、ここでは「ペアの基準タイムを縮める」とした。ジャンプの学びはより質の高いわざの習得を探究するために、テークオーバーゾーンの短縮（8m→6m）、走順の変更、ペアを変えるなどの「条件を変えても基準タイムを縮めることができるか」を課題とした。実際の授業では、まず15m走のタイムを計測し、男子のタイム上位者から、女子のタイムの下位者からが、順番にペアになるように組んだ。これは速さが違うもの同士でペア（異質ペア）になることで、うまくいかな

94

(2) 授業実践を振り返って

私が学びの共同体に出会うまでのリレーの授業は、100m走を計測した後、チーム編成を行い、一人が100mを走るチーム対抗による競走というものであった。実際、体力の関係上、1時限に2回程度しか走ることができないが、大半の子どもたちは楽しんでいるように見えたので、この授業でよいと思い、改善どころか満足をしていた。平成24年4月に新規採用として本校へ赴任し、出会ったのが学びの共同体であった。何をしてよいのか全くわからず、あっという間に1年が過ぎていった。

2年目の平成25年、学びの共同体の理念で授業に取り組んだのはこれが初めてであった。とにかくまずは形から入ろうと思い、過去の資料を参考にデザインシートを作成した。たった数分で書き上げたデザインシートであったが、当然ほぼすべてが書き直しであった。デザインシートを書き上げたデザインシートには、岡野先生に何時間も話を聴いていただき、情報や知識をもらった。しかし、簡単には理解ができず、この後も相当な時間を費やした。学校では3年生の担任をしながら生徒指導主任

や生徒会活動代表など多くの仕事を抱えていたが、毎日授業デザインのことを考え専門書を読み、職場の同僚とは何度も何度も試走しながら場づくりに取り組んだ。そこには、新たな授業デザインへの挑戦ということで期待もあったが、これまでの生半可な気持ちで取り組んでいた甘さと、体育の専門家として何も分からない悔しさが大半で、正直にいうととても苦しかった。しかし、授業改革に本気で取り組もうと決意を固めたのも事実である。

今回私が、生徒たちと描き出したい授業デザインを完成させて、授業実践を行ってみると、今まで味わったことのない満足感や達成感を得ることができた。これまでの授業は、生徒たちが身体を動かして楽しそうだったなという表層的な場面から得られる満足感であったということがよくわかった。

今回の授業では、タイムを縮められない悔しさから何度も挑戦する様子、より高いところを目指そうとペアでわざを探究する様子、「二人で走っているのに、一人で走っているように見える」と発見してくれた生徒たちの様子から、リレーの本質に出会い、本物のリレーを楽しんでいる生徒たちの姿がとても印象に残っている。

（岩﨑大輔）

〈引用・参考文献〉
◎岡野 昇・山本裕二（2012）関係論的アプローチによる体育の授業デザイン　学校教育27　80-92頁

(3) 実践報告へのコメント――佐藤雅彰（元富士市立岳陽中学校校長）

今まで「体育における協同的な学び」とは、グループ活動を何度か組み込み、「話し合う」と誤解されていた。それは運動量を減らすだけで、どの生徒にも走ることに「安心と没頭」を生み出すよい授業だった。岩﨑先生の実践は、運動量を減らさず、どの生徒にも走ることに「安心と没頭」を生み出すよい授業だった。

なぜだろうか。それは「チーム記録を競うリレー競技」ではなかったからである。タイムの優位を競えば、走ることの苦手な生徒は自尊感情を低くする。ところが運動の中心的なおもしろさを「相手の速さをつなぎ、ペア記録を縮める」としていたため生徒同士の対話が起きる。Aさんは特別に支援が必要な生徒である。Aさんは、バトンを引き継ぐ仲間の応援に一生懸命に走った。二人の記録は走るたびに縮まった。Aさんらは運動を通してお互いの"あいだ"に「安心」をつくりだし、共に記録を伸ばしたい思いが「没頭」につながった。

6 ● 安心と没頭を生み出す教師の位置取り
――小学校第6学年 ネット型(ソフトバレーボール)の実践

(1) ネット型(ソフトバレーボール)の実践

　一般に攻守分離型に属するネット型のボール運動は、ネットを介した2チームが連携による攻撃や守備によって攻防する運動と認識されている。本授業デザインでは、ネット型の攻防を「陣地にボールを落とす―自分の陣地にボールを落とさせない」ことに対する余裕が攻撃につながるという考えから、次の二つの課題を設定した。また、「落とさせない」という落下地点の奪い合いととらえた。

・課題①：自分の陣地にボールを落とされずにいられるかな（共有の学び）。
・課題②：条件が変わって（人数が減る、陣地が広くなる、ネットが低くなる）も自分の陣地にボールを落とされずにいられるかな（ジャンプの学び）。

　授業者は教師歴3年目の中西先生である。学生時代から協同的学びにおける「教師の居方」研究に取り組んでいる。本稿では、中西先生の授業中の位置取りに焦点を当て、教師の位置取りについて考えてみたい。

①子どもが安心できる距離間に集合させる
　授業の中で、中西先生が子どもたちを集合させる授業の始まり（写真1）」「ほぐしの運動

後の課題の提示」「準備後の主運動の説明」「授業のまとめ」の四度であっ
た。いずれも、体育館のサークル内（直径3・6ｍ）にすべての子どもが
入り、密接して集合しているのが特徴である。これまで体育では、子ども
への指示を明確にするために、体育館のラインなどを目印にして集合させ
ることが指導で大切とされてきた。

　中西先生が、指示の明確さ以上に気を配っていることはお互いの距離で
ある。教師と子ども間は、相手の思いを察することができる「個人的距離」、
子ども間はお互いに保護する関係となる「密接距離」にある。常にこの距
離感を心がけることで、子どもたちが身体レベルで「クラスに受けいれら
れている」という安心感を持っていくと考えられる。

② **一緒に活動して運動の世界に誘う**

　ほぐしの運動「連続レシーブ」で、4班は、投げ手からのボールを上手に返すことができずにいた。
中西先生は、4班の受け手の一人として参加し、動きや守る範囲をアドバイスしたり（写真2－1、
2－2）、失敗した子にもう一度ボールを投げるように声をかけたりしていた（写真2－3）。さらに、
4班の誰よりもボールを必死になって追いかけつなごうとしていた（写真2－4）。
　教師は、決まった学習内容をどのように教えるかという指導方法に苦慮する。その前に、教師自身
が、運動の醍醐味や奥深さを体験・熟知していることが大切だろう。その教師が、一緒に活動したり

写真1

動いて見せたりすることで、子どもがその運動の世界に魅力を感じ、「動かずにはいられない」「突き動かされる」ことにつながっていくのだろう。

③ 気づいたことを伝えて見守る

タイセイが、得点板の所でゲームを見ているときのことである。中西先生は、タイセイの約1m横でゲームを観察していた（写真3-1）。ラリーが切れると、タイセイがコートに入る前に「今、前（ネット際）が空いたったよな」と一言アドバイスし（写真3-2）、背中をポンと押してコートへ送り出した（写真3-3）。中西先生は、コートへ送り出すと、タイセイの様子を気にしながらもそのままその場を離れていった（写真3-4）。

写真2-1

写真2-2

写真2-3

写真2-4

「学び合い」は、ケアの関係を基盤としている。タイセイにさりげなく必要最小限の声をかけ、その後、距離をとりながら学びの様子を見守っている中西先生のように、教師がケアのモデルとなりたいものである。決して「指導」という名のもとに、子どもにとっておせっかいな存在になることは避けたい。

④ 聴き手側に身を置いてチームの課題を共有させる

中西先生は活動中、非プレイヤーへのかかわりを多くとっていた。写真4‐1は、自陣にボールが来たときの声のかけ合い方を確認している場面であり、写真4‐2は、初めの陣形がラリー中に崩れたときに、どのようにカバーするのかについて考えている場面である。グループに関与する際に、い

写真 3-1

写真 3-2

写真 3-3

写真 3-4

ずれも中西先生は、グループの中で主に聴き手となっている子の隣に寄り添い、一緒に考えを聴こうとしていた。

今回のような集団的な運動では、特にチーム内で「誰が何を話しているか」以上に、チームとして「どのように理解し、受けいれているのか」を重要視することによって、形式的なチームが実質的なチームとして機能していくと考えられる。

⑤ 非プレイヤーとプレイヤーをつなぐ

中西先生の非プレイヤーへのかかわり方の特徴として、考えを聴いたり引き出したりするだけではなく、子どもたちの視線が自然とゲームに向かうように位置していることが挙げられる。（写真5）。

ボール運動の授業でよく見られる課題「攻め方・守り方を考える」では、文字通り自分たちのチームの動き方を考えることが中心となっている。換言すると、ゲームのときには必ず存在するはずの対戦相手が、作戦などを考えるときには消えていることが往々にあるのではないかということである。

ボール運動のゲーム中には、即興的な対応が求められる。そのため、

写真4-2　　　　　　　　　　　写真4-1

相手を無視した自分たちの「一方的」な動きや考えではなく、相手を意識し、「対応」することが活動や共有場面で中心となるように気を配りたい。

⑥活動の中で新たな視点を提示する

体育の授業では、子どもたちの思考をつかむ、または新たな視点を投げかけるために、授業半ばに子どもたちを集め、全体で話し合いをする場面が多く見られる。話し合いを行うことで思考が整理され、次の活動に活かそうとするねらいがあるが、思考と運動がつながらないことも一方で悩みとして挙げられる。

今回中西先生は、ゲームを観察し、グループでの子どもたちの思考をもとに考えた学びを深めるための視点（ネット際のボールの対処をどのように行うか）を、ゲーム交代の時間に各コートの子どもたちをすっと集めて提示した（写真6）。

活動を一旦切るのではなく、「考えながら動く」「動きながら考える」という運動と思考をつなげて行える展開が、子どもの探究活動を支えていくのだろう。

写真6　　　　　　　　写真5

103　第3章…体育における対話的学びの実践

(2) 総合的考察

ブラウンら：道又訳（1991）は、認知的徒弟制（cognitive apprenticeship）を提唱し、学校における認知的な学習過程についても、徒弟制のよさを取り入れることが可能であるとしている。子どもが学ぶ際の学習過程として、①モデリング【modeling】（模範の提示と目的の認識段階）、②コーチング【coaching】（教える人が学ぶ人に手取り足取りして教える段階）、③スキャフォールディング【scaffolding】（ひとりだちのための足場作りの段階）、④フェーディング【fading】（援助の減少とひとりだちの段階）という四つの段階を踏んでいくとされている。クラス経営など長い期間で考えると、この四つの段階を踏んで進んでいくのが理想といえよう。

一方で、1時間の授業場面に焦点を当て、本実践での中西先生のかかわりを見てみると、活動中、常に子どもへかかわるのではなく、全体を俯瞰したり、少し距離をおいてゲームやグループ活動の様子を見守ったりしていることが多く見られた。これは、必要なときに最小限の援助を行うフェーディングを子どもたちとかかわるときの基本としていると考えられる。その中で、「②子どもと共に活動に参加した」といったモデリング、「④聴き手に寄り添いながらグループで課題を共有した」や「③ゲーム観察の中で気づいたことを非プレイヤーとプレイヤーをつないだ」といったコーチング、「⑥新しい視点を活動の中で全体に提示した」や「⑤個人的にアドバイスした」といったスキャフォールディングを行っている。これは、学習の中でのかかわり方を、前述したように段階的に変えているのか

ではない。運動技能や人間関係など、多種多様な子どもたちが混在しているクラスの中で、子どもが課題にどのように対峙し何に困っているのかを瞬時に判断し、その場に合った対応を即興的に選んでいると見ることができる。

このようなかかわりを持つことができるのは、本実践がネット型の本質をとらえて練られた課題であり、かつ、シンプルな展開でデザインされているからであろう。加えて、明確な課題に対して、子どもたちが真摯に向き合い、困ったときには子どもたち同士で支え合いながら学ぶだろうという子どもに対する信頼があるからだろう。だからこそ、子どもに対してことばを迎えにいったり、自分の思いに無理に引き寄せようとしたりするのではなく、子どもたちからどのような動きや思考が出てくるのかを愉しみに待つという姿勢で授業に臨むことができると考えられる。

最後に、学びが生成される基盤として、①「子どもが安心できる距離間に集合させる」のように、クラスが日頃から安心できる居場所として保障されていることも忘れてはならないだろう。

（加納岳拓）

〈引用・参考文献〉
◎ジョン・S・ブラウン、アラン・コリンズ、ポール・ダグイット：道又爾訳（1991）状況的認知と学習の文化　現代思想19（6）62‐87頁　青土社

(3) 実践報告へのコメント――佐藤　学（学習院大学教授）

　スポーツ好きには二つのタイプがある。個人プレイを基本とする陸上競技や器械運動やテニスや卓球や剣道や柔道が好きなタイプとチームプレイを基本とするバレーボールやバスケットボールやサッカーが好きなタイプの二つである。この二つのタイプは、それぞれスポーツの二つの文化を形成している。私は、子どもの頃、個人プレイのスポーツが好きなタイプであった。チームプレイは苦手であった。その原因の一つは対人関係のコミュニケーションに対する苦手意識にあったと思う。私も中西実践のような指導を受けたら、この苦手意識は克服できたのにと思う。

　バレーボールの身体運動は二つの応答性によって成り立っている。一つはボールへの応答性、もう一つはチームの仲間との応答性である。このネット型（ソフトバレーボール）の実践報告は、「相手の陣地にボールを落とす――自分の陣地にボールを落とさせない」という「落下地点の奪い合い」としてこのスポーツの本質をとらえ、チームの仲間への応答性を育てることを中心に教師がかかわることによって、誰もが安心し没頭する学びを実現する様相を描き出している。中西先生のタイセイへのかかわりは絶妙である。タイセイへのさりげない思慮深いかかわりが、この教室のケアの関係を準備し、それを象徴している。お節介にならず、さりげなく勘所でスキャフォルディング（足場かけ）を生み出すかかわり、それがこの実践報告の魅力である。

　私自身の要望を付け加えれば、ボールへの応答性をこのスポーツの技の学びとして組み込んでほし

かった。学びの共同体における協同的学びは「仲間づくり」ではない。仲間との対話の前提に対象との対話があり、対象との対話におけるジャンプとしての学びがある。そこが協力的学び (cooperative learning) との違いである。実際、バレーボールの授業を観察する機会は多いが、アンダーパスを中心にボールに対応するものだから、パスがつながらないケースが多い。そして、バレーボールにおけるボールへの対応の最も重要な技は、すばやくボールの下に入ることだろう。この技が存外、おろそかにされている授業が多い。一人ひとりのボールへの応答性が仲間との応答性を生み出すのであって、逆ではないはずだ。もちろん中西実践は、それを十分承知で実践されているということは写真から窺えるのだが、ボールへの応答性の技の学びについても記していただければ、よりこの実践の意味が伝わったと思われる。

7●男女共習によって引き出される学び
——中学校第3学年　ネット型（バレーボール）の実践

(1) ネット型（バレーボール）の授業デザインと授業における出来事

バレーボールは、ネット越しにボールを打ち合い、あいている場所に返球することで、一定の得点に早く到達することを競い合う競技である。強烈なスパイクやサーブで得点することも魅力の一つで

あるが、味方のコートを守り続け、相手に返球し続けることができれば得点されることはない。つまり、個人の身体操作とチームワークにより、ボールの落下地点を守り、相手の落下地点を奪い取る競技ととらえることができる。

そこで、「ボールの落下地点をみんなで守る」ことをテーマとして、チームでいかにして落下地点を防ぎ、守りつなぎ合って相手に返球できるかということに着目し、次の三つの課題を設定した。

・課題①：グループ内でボールを落とさずにパスを続けられるかな（共有の学び）。
・課題②：ネット越しに相手から飛んでくるボールを落とさずに、つなぎ合って返球できるかな（ジャンプの学び）。
・課題③：ネットが高くなっても、相手から飛んでくるボールを落とさずに、つなぎ合って返球できるかな（ジャンプの学び）。

【エピソード1】
ナオトは学習に集中することが難しい生徒である。教室では学習活動に参加せずに立ち歩いたり、机に突っ伏したりする姿がしばしば見られる。体を動かすことが好きなナオトではあるが、特にバレーボールが上手というわけではなく、ルールもよくわかっていない。最初の対面パス練習のとき、ナオトはマリコとペアで行った。マリコは、あまり上手にボールを扱うことはできないが、熱心に練習に取り組む生徒である。マリコのパスが多少それても、ナオトはそれを受け取め、マリコが受け取りや

すいように丁寧にパスを返し続けた。この日が初めてとなる対戦練習が始まるとき、ナオトは、「俺さあ、全然さあ、ルールが理解できへん」といった。コズエが、「サーブやってみる？」と声をかけると、ナオトは、「そっからさあ、そうあげるの？」とたずねた。間もなく対戦練習が始まり、相手チームのオーバータイムスで決着がついたときのことである。相手チームが3回目のパスで返球することができなかった場面で、ナオトが「どういうこと？」とたずねると、「3回超えたで」とユウジがこたえた。するとナオトは「なるほど。なるほど、なるほど」と満足そうにいった。

[エピソード2]

ヒロコはバレーボール部のキャプテンであり、部員の中でも特に高い技能を持っている。チームとしてボールを落とさないためにボールを巧みに操作できたり、位置取りすることができるだけでなく仲間の動きにも気を配ることができる。対戦練習のときのことである。同じチームのテツヤがレシーブに失敗した。するとテツヤは、自信を失ったかのように通常の後衛のポジションからさらに後ろに下がり、コートから出てしまうほどの位置で守ろうとした。そんなテツヤの様子を見たヒロコは、ジェスチャーで前へ出るように示しながら、「テツヤ、もう1歩（前へ）」と優しく声をかけた。そのジェスチャーと声に促されテツヤが前に出て構えると、ちょうどテツヤの正面に相手チームからのボールが来たため、テツヤはボールをつなぐことができた。こうしたヒロコの仲間へのかかわりは、同じチームのオサムにも見られた。ヒロコが絶えず声をかけながら練習を繰り返すうちに、オサムは仲間の動

きに合わせて細かくポジションを変えながらボールを待つようになった。

【エピソード3】

トシコはコミュニケーションをとるのが極端に苦手である。休み時間はクラスの女子グループには溶け込めない状態が続いており、自分から話しかけることもできない。授業が終わると教室から逃げるように保健室へ駆け込むこともしばしばである。部活動はバレーボール部に入っているが、あまり上手な方ではない。どの教科においても消極的な姿が目立つトシコではあるが、少し前から始まったバレーボールの授業は楽しみにしている。この日の体育の前には、親しい教員に、「先生、今日バレーなんやけど私のこと見とってな」といいに来ている。事実トシコは、この体育の時間中、大きな声を出し、生き生きと活動し、グループの仲間との会話も弾んでいた。対戦練習のときのことである。トシコがセッターをしているとき、ハジメのレシーブがトシコに届かなかった。同じバレーボール部員であるハジメへの期待があっただけに「何でそこなん」ということばが出たが、すぐに「あっ。私が前へ動けばいいんか」と笑いながらいった。

(臼井正昭)

(2) 男女共習によって引き出される学び

【エピソード1】において、普段は「学習に集中することが難しいナオト」が、この授業では「学

び上手なナオト」へと変容した様子が描き出されている。それは、あまり上手にボールを扱うことはできないマリコに対し丁寧に対応したり、チームメイトのコズエとユウジに自分のわからなさを発信したりしているからである。「特にバレーボールが上手というわけではないナオト」が、授業から離脱しなかったのは、マリコのボール捌きの能力の低さと練習に対する熱心な取り組みがあったからと考えられる。ナオトはこうしたマリコの「よわさ」と「ひたむきさ」に触れることにより、自らのルールの「わからなさ」をコズエとユウジに発信することができたのではないだろうか。

学びの共同体を推進する学校では、「ねえ、わからないから教えて」から始まる学びを大切にしている。これはいわば当たり前のこととして定着しているが、このエピソードから学べる意味は大きい。「わからないから教えて」とは、ある種の自分の「よわさ」を自身で引き受けることであり、そのことに誠実に向き合うという「ひたむきさ」を宣言する行為である。ナオトはマリコと課題を共有することで、マリコの「よわさ」と「ひたむきさ」に感化され、自らのルールの「わからなさ（「よわさ」と「ひたむきさ」）」をコズエとユウジに曝け出すことができたと解釈できよう。

＊

【エピソード2】におけるヒロコのバレーボールの技術は高く、グループ内の他の三人との力の差は大きい。このような組み合わせの場合、懸念されることは、経験者ばかりがボールに触れたり、仲間の失敗を責めてしまったりすることにより、グループの仲間も経験者自身も運動を楽しめなくなることである。しかし、ヒロコにはそのような様子は見られず、むしろヒロコもグループの仲間も、バ

レーボールの世界に参加できているように見える。これは、ヒロコ自身のもつ資質によるところもあるだろうが、本時で設定されている課題が大きく影響しているものと思われる。

与えられた課題は「ボールの落下地点をみんなで守る」というきわめてシンプルで、かつ、一人では追究できないものとなっている。この課題の内容は、バレーボール部で活動しているヒロコにとってはあまりにも自明のことであり、容易であることのように思われるが、部活動のバレーボールと体育授業のバレーボールとでは、状況が異なるであろう。部活動のバレーボールでは、ポジショニングとフォーメーションと個々人のスキルの高さで解決できても、体育授業の場合はこれらが前提とはならない。故に、提示された課題は、ヒロコにとっても高いものとなり、仲間が課題を達成していくための意味ある他者と位置づき、バレーボールのゲームの世界に夢中になって参加していくものと考えられる。

＊

【エピソード3】のトシコについて、授業後に行われた研究協議で、「あんなトシコの笑顔は見たことがない」「大声で話すトシコの姿を初めて見た」と複数の教員が語った。トシコは、休み時間になると居場所を求めて保健室に足を運ぶような生徒だからである。「私のこと見とってな」とまでいわせ、他の教員が見たこともない笑顔を生み出したのは、彼女がバレーボール部員であり、授業の内容がまたまバレーボールであったからというだけの理由ではないように感じる。自ら溶け込むことが苦手なトシコにとって、一番の恐怖（心配）は、授業中に自分の居場所が感じられなくなることであろう。

いくら大好きなバレーボールであっても、この恐怖（心配）がある限り、心から授業を楽しむことはできないものと思われる。

そうした中、彼女を一人ぼっちにせず、安心して落ち着いて授業に臨むようにしてくれたものは、男女でのペア活動やグループ活動だったと考えられる。一緒に練習する仲間が保障されていることに加え、男子のハジメに対して自分のストレートな感情を表出しており、その直後には自己への反省としても受け止めることができる言動が現れているからである。同性同士やバレーボール部員同士という日常の関係では、トシコ自身の立ち位置が固定化されているものと推察できる。

＊

【エピソード1】の学習に集中することが難しいナオト、【エピソード2】のバレーボール部員で技能レベルの高いヒロコ、【エピソード3】の女子グループに溶け込めないトシコらは、一般的な体育授業ではアウトローになったり、目立ちすぎたり、見学を訴えてきそうな、いわゆる「問題児」として位置づくであろう。ところが、木実践の中ではどの子も生き生きと活動に取り組む様子が各エピソードからうかがえる。実は、彼ら彼女らをそうさせているのは仲間の存在である。もう少し丁寧にみていくと、【エピソード1】のナオトを引き出しているのはマリコやコズエらであり、【エピソード2】のヒロコを活躍させているのはアツヤやオサムらであり、【エピソード3】のトシコを明るくさせているのはハジメである。いずれも異性の存在である。

少し考えてみると、中学生の日常の遊び友だちは同性であり、運動部活動をはじめとする課外活動

でも同性で活動することが多い。このことは、自然と自分の性格や能力などが浮き彫りにされ、自分の立ち居振る舞いが固定化され、周囲の人々にもその見方が固定化されていく。仮に、男女別習型体育授業を展開することがあるならば、それは日常の人間関係をさらに固定化するばかりではなく、悪化させる要因も孕んでいるように考えられる。なぜなら、体育は他の授業とは異なり、身体活動が中心となるため、身体を曝け出すことになり、誰の目にも体格や体力、能力、順位などが目につきやすくなるからである。

各エピソードで登場した「問題児」のように見える子どもたちは、「問題提起者」として見ることができるであろう。これまでの授業スタイルでは、どこか息苦しく、私たちの可能性を摘み取る、というように聴こえてくる。手放しに、「男女共習型体育授業、バンザイ」と叫びたいのではない。授業というシステムを異なるスタイルに変えれば問題が解決するということではないからである。大切にしたいことは、「異質な仲間とのかかわり」が意味を生み出すのではなく、「異質な仲間とのかかわり」によって生じるズレ」が意味を生み出し、一人残らず学びを保障することにつながるのではないかということである。

(3) 実践報告へのコメント——佐藤雅彰(元富士市立岳陽中学校校長)

エピソード記述は、そのまま子どもの事実（アクチュアリティ）を描くだけではドラマにはならな

（岡野　昇・臼井正昭）

い。考察を加えることでリアリティのあるドラマになった。例えば、ナオトはマリコと共に運動をする中で互いの「よわさ」に気づき、「ひたむきさ」でつながり合い、それがナオトにも「安心感」を生み出し、別の他者と運動を楽しむ者へと変わっている。また普段は存在感の薄いトシコは、彼女のもつ「居場所感」がグループ活動で相手に何かを求めるよりも自分がどうあるべきかを自問する者として成長させている。どの教科でも一人残らず学びに参加するには安心感と居場所感が大事である。さらに学びの実践は活動の意味と関係の編み直しが大事となる。その意味で男女共習は体力的・身体的差異、障碍の有無などが評価に反映されず、能力の高い者と低い者といった垣根を取り除き、互いに気遣いながら好きな運動をみんなと楽しむことを実現している。生涯にわたって運動に親しむという視点からも男女共習は男女の共存の在り方（関係）を学ぶよい機会となっている。ただし親しむとか楽しむだけでは夢中になって活動する条件にはならない。子どもたちが、「ボールの落下地点をみんなで守る」を運動の意義として見出せたかどうかが鍵である。

（4）実践報告へのコメント――佐藤　学（学習院大学教授）

近年、男女共修の体育の授業を参観することが多くなった。男女共修の体育は地方によって普及の度合いが著しく異なるが、年々拡大しているのが喜ばしい。経験的にいって、男女共修の体育の授業はどの授業も素晴らしい。なぜだろうか。この臼井さんによる実践報告の三つのエピソードは、男女

共修の授業における異性間の学び合いの有効性とその意味を小さな出来事によって的確に描き出している。

エピソード1では、通常の授業で学びに参加できないナオトが、マリコとコズエの誠意ある対応によって心を開き、学びに没頭しているし、エピソード2では、バレーボール部のヒロコの繊細な配慮でテツヤのレシーブの学びが促され、エピソード3では、セッターのトシコは、ハジメのレシーブを受け止め損ねてとがめそうになったところで、自分のかたくなさに目覚めている。どのエピソードも、同性間では成立しにくい異性間の心配りとかかわりの丁寧さが、心身ともに開かれた学びを成立させている。これらのエピソードを見出した臼井さんのまなざしが素晴らしい。

かつて卒業論文で男女の体育嫌いを研究した学生がいた。その卒業論文は、男子の場合は体育の技能が劣っているため体育嫌いになるケースがほとんどなのに対して、女子の場合は技能の優劣とは無関係に体育嫌いになっていることを明らかにしていた。女子の体育嫌いの最大の要因は、身体を見られる他者のまなざし（同性のまなざし）にあるという。ナルホドと深く納得したことを思い出す。

男女共修の体育では、この実践報告に見られるように、女子がどの生徒も伸び伸びと活動し、体育嫌いの男子の生徒が真摯に学びに取り組む姿が見られる。この男女共修の学び合いの実効性が、なぜ学びの共同体の実践では顕著に見られるのか。今後、私たちが探究すべき興味深いテーマである。

第Ⅱ部 体育における対話的学びを探究する

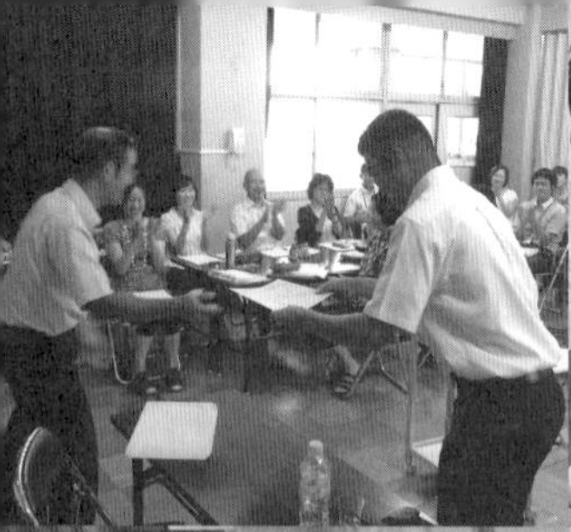
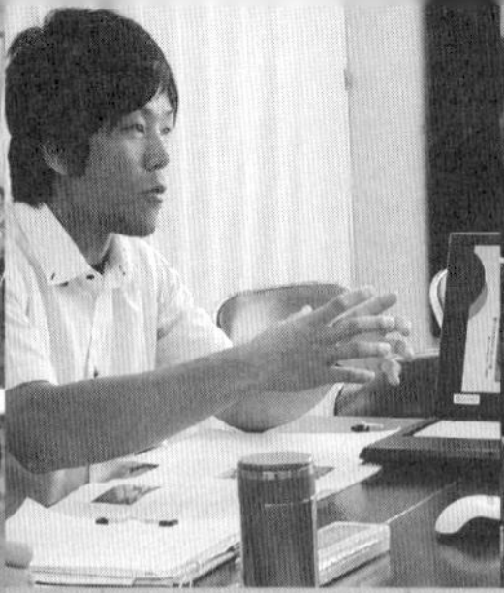
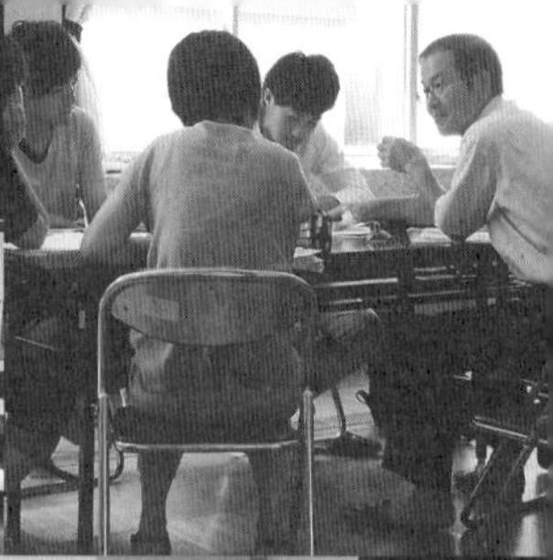
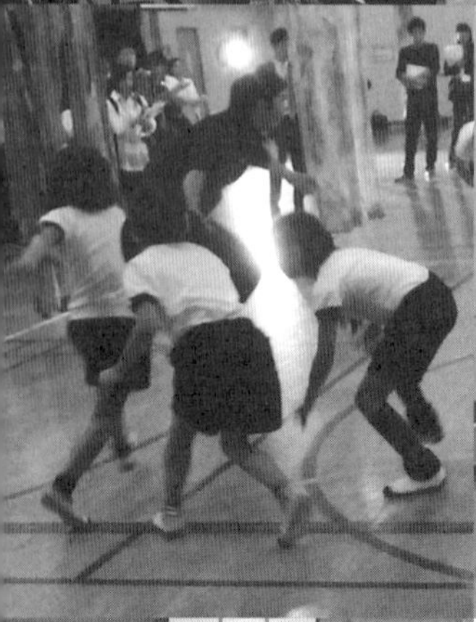
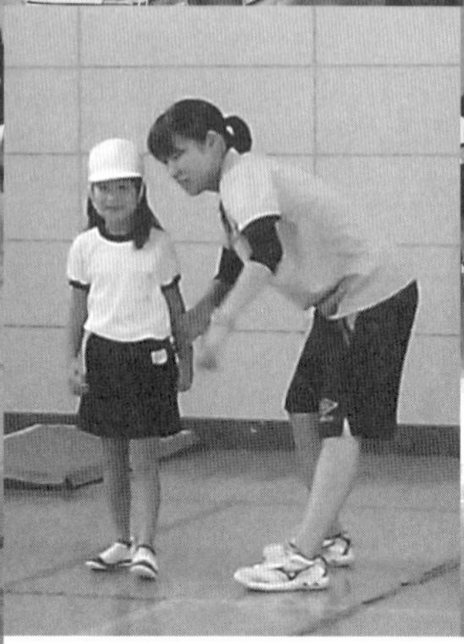
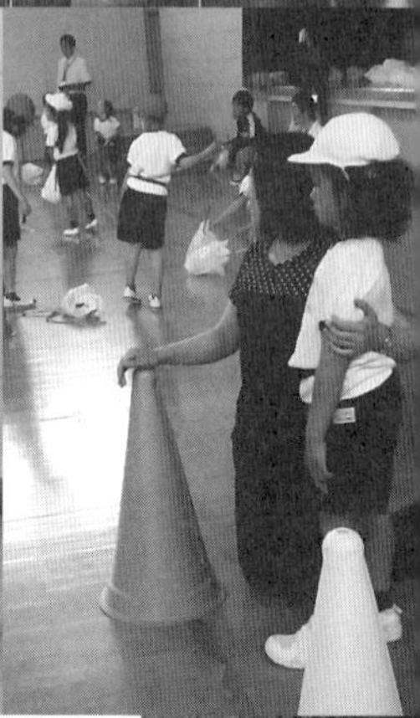
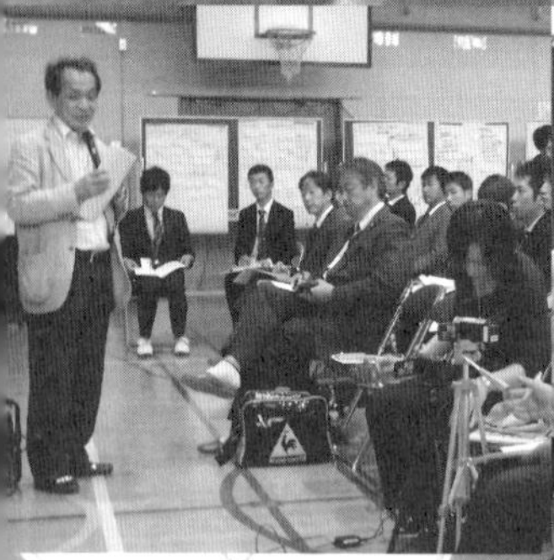
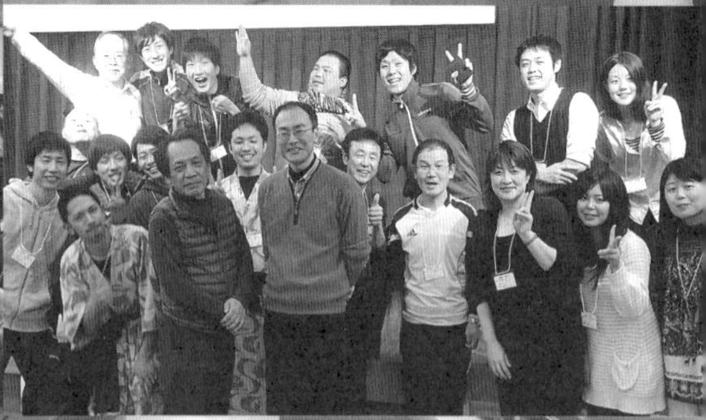
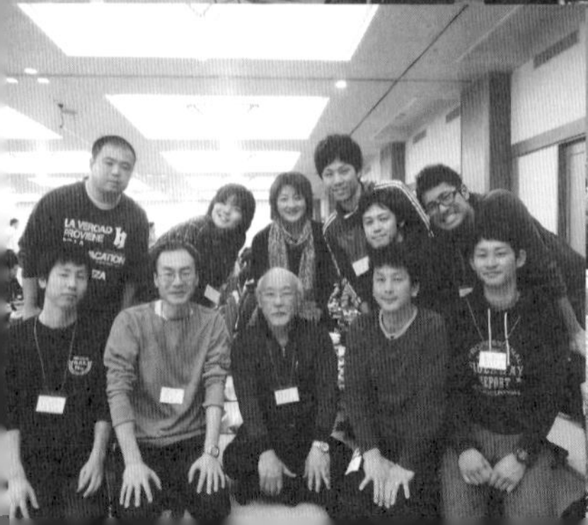
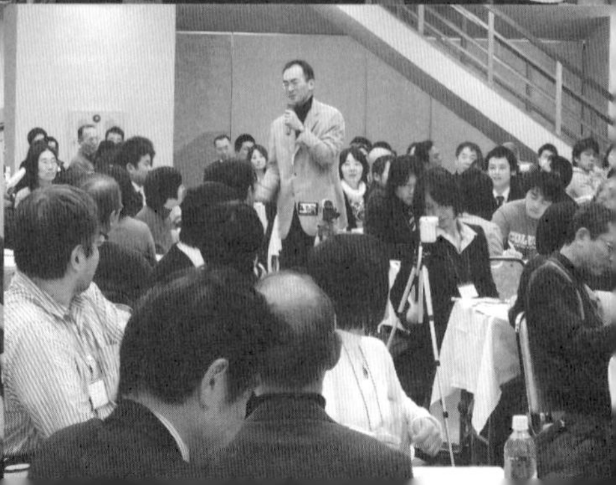

第1章 協同的学びにおける運動技能の発達過程
——小型ハードル走の実践から

1 ● はじめに

本章で主題として掲げている「協同的学び」とは、佐藤学が提唱する学びの共同体の学校改革の中で定義づけられているものである（佐藤2012）。学びの共同体の学校改革は、明確なビジョンと三つの哲学（公共性の哲学、民主主義の哲学、卓越性の哲学）に基づき、その実現のために、「教室における協同的学び (collaborative learning)」、「職員室における教師の学びの共同体 (professional learning community) と同僚性 (collegiality) の構築」、「保護者や市民が改革に参加する学習参加」の三つの活動システムで構成されたものである。その一つ目の活動システムとして位置づく協同的学

119

びによる授業改革は、1980年頃から始まり、1990年半ば頃からは国内外で爆発的な普及を遂げている。体育における協同的学びに関する先行研究としては、体育授業の文化的実践にかかわる視点を提示したもの（岡野2008、岡野ら2011）や「体育の対話的学び」のデザインの内容とその手順を明らかにしたもの（岡野・山本2012）など、単元の内容構成に関する研究は見られるものの、実際の体育の協同的学びにおける子どもの運動技能の発達について言及されたものは見当たらない。

そこで本章では、前述した先行研究に依拠しながら、小学校第3学年を対象とした小型ハードル走の授業を構想・実践・検討することにより、体育の協同的学びにおける運動技能の発達過程について解明することとする。なお、解明手順は、次の三つである。

第1に、佐藤（1995）が提唱する学びの対話的実践の「三位一体論」と岡野ら（2011）が提示する体育における「学び」の三位一体、岡野・山本（2012）が提出した「体育における対話的学び」のデザインの視点とその手順に基づきながら、小学校第3学年の小型ハードル走の学びをデザインする。また、そのデザインに基づいて実践した授業概要を記載する。

第2に、対象授業について「授業実践（参与観察）―記録―記述―考察」の順で検討を行う。記録方法は、小型ハードル走の運動過程の様子や子どもたちの会話、授業者と子どものやりとりなどを中心に、デジタルビデオカメラで撮影する。記述方法は、デジタルビデオカメラによる記録を用いながら、エピソード記述（鯨岡2005）で表記する。エピソードは、小型ハードル走における学びの生

120

起の場面を中心に、授業者が記述を行う。その際、授業者の表記は「私」とし、子どもの名前はすべて仮名でカタカナ表記とする。また、子どもや授業者の発言は鉤括弧で表記する。考察はすべてのエピソードを時系列に表記した後、学びが生起するに至った状況と文脈に着目しながら行う。

第3に、山本（2008）の「運動技能の発達ダイナミクス」とヴィゴツキー：土井・神谷訳（2003）の「発達の最近接領域」を援用しながら、体育の協同的学びにおける運動技能の発達過程について考察を行う。

2. 学びのデザイン

ハードル走の源流は、野山を駆けめぐり、途中にある自然の小川や溝、灌木、放牧場の柵（hurdle）や塀など自然の障害物や構築物を跳び越える長距離走（steeplechase-race）にある。この競技が盛んになるにつれて、1830年代後半のイギリスでは、この競争形態をパブリックスクールやカレッジの校庭にもちこんで競技化しようとの発想が生まれてきた。ハードル競走が最初に行われたのは1837年のことで、イギリスのイートン校の校庭で100ヤード（約91.4m）のなかに10台のハードルを並べて競走したといわれており、1851年には140ヤードの間に10台のハードルごとに置いた競走が行われたという記録が残されている（岡尾1987）。このインターバル10ヤード（約9.14m）というのは、男子110mHで現在用いられている距離と同じである。これらのこ

とから、現在行われているハードル走は、不規則に並ぶ多様な物を跳び越える「障害物長距離走」から、等間隔に置かれたハードルをスピードを減ずることなく（リズムや体勢を崩すことなく）走り越える「障害物短距離走」へと独立したものととらえることができよう。

そこで、本実践ではハードル走の中心的なおもしろさを後者の「障害物短距離走」と位置づけ、単元の主題を「3歩でリズムよく走り越せるかな」と設定した。ここでいう「リズムよく走り越す」とは、「どのインターバルも3歩で走ること」とした。「3歩」と限定したのは、同じ条件の課題を全員が共有しやすく、二人でリズムを同調させながら走り越えるペア活動（シンクロハードル走）も可能となり、子ども相互による擦り合わせや運動技能水準の低い子どもの引き上げが行いやすくなると考えたからである。

以上のことから、課題①（共有の学び）を「3歩でリズムよく走り越せるかな」とし、課題②（ジャンプの学び）を「インターバルが長くなっても、段ボールの高さが高くなっても、3歩でリズムよく走り越せるかな」と設定した。

3●授業概要

○日　時：2011年11月17〜30日（全5時間）
○場　所：三重県四日市市立A小学校体育館

図1　場の設定

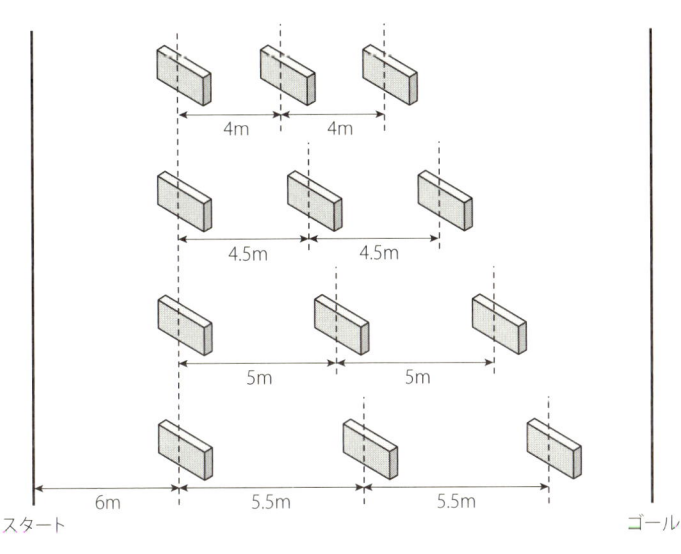

○授　業　者：三重県四日市市立Ａ小学校第３学年担任
○運　動　者：三重県四日市市立Ａ小学校第３学年児童32名
○運　動：走・跳の運動　小型ハードル走
○場の設定
　第１時から第３時までの場は図1の通りである。第４・５時はインターバルが６ｍの場を一つ追加した。なお、等間隔に置く小型ハードルは、恐怖心が少なく、簡単に高さの調整ができる段ボールを使用した。段ボールの置き方は、横置き（縦13cm×横80cm×高さ28cm）と縦置き（縦13cm×横84cm×高さ40cm）の二通りである。
○単元概要
　第１時は、不規則な間隔で段ボールを置いたコースと等間隔に段ボールを置いたコースを走

4●学びの実際

エピソードは第2時から1件ずつ取り上げ、全部で4件を抽出した。【エピソード1】は第2時の記述で「走っているスピードを落とさない」ことへの気づき、【エピソード2】は第3時の記述で「走

　り比べることで、二つのコースにリズムの違いがあることを体感させた後、後者のコースで3歩のリズムを全員に理解させた。第2時は、四つのコースで自分に合った場を探す個人活動を行わせた。その後、同じコースの子どもたちでペアを組ませ、互いのリズムを感じながら二人で手をつないで3歩で走り越すことに挑戦させた。第3時は、自分に合った場を50㎝長くした場で挑戦させた。個人活動の後、同じコースで安定して走り越せる子どもとまだ安定して走り越せない子どもでペアを組み活動させた。第4時は、第3時のコースで段ボールを縦置きにした場で挑戦させた。個人活動の後、自由にペアを組んで活動させ、最後にもう一度個人活動を行った。第5時は、まだ段ボールが高くなった場で走り越せない子どもが多かったため、再度同じ課題に挑戦させた。個人活動の後、ペアで活動し、もう一度個人活動に戻した。

　なお、第2時から第5時までのペア活動は、基本的には自由に同じコースの仲間と組ませ、手をつないで走らせたが、必要に応じて授業者がペアを変えた。また、場に慣れて余裕が出てきた子どもには、さらにインターバルが長いコースへ移動させた。

るスピードをあげる」ことへの気づき、【エピソード4】は第5時の記述で「走りながら遠くから踏み切る」ことへの気づきに関する記述である。

【エピソード1】

第2時のことである。3歩でリズムよく走り越せるインターバルを見つけよう、という課題をコウヘイとタクミのペアは5・5mのコースで取り組んでいた。コウヘイは安定して走り越すことができていたが、タクミは二つ目のインターバルが4歩となりリズムが崩れていた。タクミは他の友だちとペアになっても、二つ目のインターバルで4歩になったり、三つ目の段ボールを蹴飛ばしたりしていた。その後、再度コウヘイとタクミはペアになり何度も一緒に走っていたが、コウヘイは「なんか合わん」といっていた。

何度走ってもリズムが合わない二人の様子を見て、私は全員を集め子どもたちに「友だちとうまく合わせられた」とたずねた。約半数の子は合わせられたようだったが、コウヘイが手を挙げ「タクミさんと全然合わんかった」といった。すると、同じコースで活動していた子どもたちも「そやで、何回やっても合ってなかったで」「7回もやったのになぁ」と口々にいった。そこで、私は子どもたちに「二人の運動を見てみようか。どこで二人がズレたか、どうしたら一緒に走り越せるか考えながら見てね」と伝えた。

二人はみんなの合図で走り始める。コウヘイはスピードに乗って走り越していくが、タクミはコウヘイに手を引かれるように少しずつ遅れていく。二つ目のインターバルでタクミが4歩になって合わなくなる。それを見た子どもたちからは「あー、合わんかったぁ」「最後が合わんかった」「2個目までは合っとんのやけど」「タクミが2個目からおいてかれとった」「タクミが2個目跳んでからスピードが遅くなってた」など、見ていて気づいたことが出された。そしてリョウタが「2個目の後、スピード落とさんようにしたらいいんや」といった。私は二人に「今、いわれたことを意識してもう1回やってみよか」と2回目に挑戦させた。

再び、みんなの合図で走り始める。タクミは一つ目の段ボールを越えた後も、二つ目の段ボールを越えた後も少しコウヘイより前に出るように走り越していく。すると二人で一緒に3歩で走り越すことができ、みんなから拍手が起こった。

【エピソード2】

第3時のことである。インターバルが長くなっても3歩でリズムよく走り越せるかな、という課題のもと、ヒカルとミキは前回よりインターバルが1m長い、5・5mのコースに挑戦していた。ヒカルは、ほぼ3歩のリズムで走り越すことができたが、ミキは二つ目のインターバルで4歩になってしまうことが多かった。二人ともカ一杯走っているわけではなく、スピードを制限しながら走るぎこちなさが見られた。

個人活動の後、私はヒカルとミキをペアにして活動させた。二人は、二つ目のインターバルの歩数が4歩になっていた。何度も挑戦したが、3歩にはならず、二人は悩ましい顔をしていた。そこで私は二人と一緒に運動することにした。まず、私はミキと手と手をつなぎ、「先生に任せて、力抜いてついてきて」と声をかけ、一緒に走り始めた。私はミキの手を少し引っ張るように走り、ミキも私のスピードに合わせて走った。すると私とミキは一緒に走り越すことができた。次にヒカルとも走った。走り終わった後、ミキは「めっちゃ速かった。こんなに走るんや」といった。走り終わると、ヒカルも私と同様に肩に力が入り後傾になって二つ目のインターバルで5歩になった。走り終わると、私たちは走り始めた。ヒカルは、急にスピードが変わったためか、動きが萎縮し、肩に力が入り後傾になってスピードの違いに驚いていた。そして、私はミキを呼んで「今、先生とやったら今までと違ったよな。今度は二人でやってみて」と伝えた。二人でやってみると、これまでよりスピードはあがったが、まだ最後まで走り越すことはできなかった。その後も二人はスピードがあがりきらず、4歩になっていた。

それから、私は全体の話し合いの場を設けた。するとヒカルとミキをはじめ、他の子どもたちからも「スピードが落ちると歩数が増えてしまう」という意見が出された。そこで私は、もう一度ペアでスピードを意識してやってみるように伝え、活動を再開させた。ヒカルとミキは3回ほど挑戦していたが、まだできなかった。私は二人と同じインターバルで、走力がありながらもスピードに乗れない モモと一緒に走った。するとそれを見ていた二人は、その後、今までの中で一番スピードに乗って走

り、二人一緒に最後まで走り越すことができた。二人は顔を見合わせ、ハイタッチをして喜んだ。

【エピソード3】
　第4時のことである。段ボールが高くなっても3歩でリズムよく走り越せるかな、という課題で活動をしていた。アヤナはこれまで5mのコースで活動し、走り越すことができていたが、段ボールが高くなったことで走り越せなくなった。最初に個人活動をしたときには、段ボールの手前でスピードが急激に落ち、インターバルが7歩になっていた。何度か繰り返した後、アヤナは4・5mのコースへ移動した。4・5mのコースではインターバルが4歩になっていたが、そのときも段ボールの手前でスピードが落ち、段ボールを越えるときには、腕は横に上げ、両足とも横から抜くようにして跳び越えていた。
　その後、私は全体の話し合いの場を設け、「高くなってどうだった」とたずねた。子どもたちからは「高くなって上に跳んでしまうようになった。そのせいで3歩で行けやんくなった」「上へ跳ぶと着地でバランスを崩してしまった」などという意見が出された。それを受けて私は「じゃあどうしたらいいのかな」と問い返すと、「スレスレで跳ばなあかん」「上じゃなくて低めに前に行かなあかん」などの意見が出された。このとき、アヤナはみんなの話を真剣に聴いていた。
　その後、私はみんなから出された意見を意識しながら、同じコースの子とペアを組んで活動をするように伝えた。アヤナは、六人と一緒に活動した。うち四人は自分自身が走り越せずにいたので、ア

ヤナと二人で一緒に走っても段ボールを蹴飛ばして途中で止まってしまったりしていた。ミズホとモエカはどちらも一人ではうまく走り越せていたが、アヤナと一番リズムが合ってうまくいったのは、モエカと運動したときだった。モエカはミズホに比べ、頭の位置が安定しており、力もほとんど入れずに軽々と走り越せていた。モエカと行ったときには、躊躇が見られなかった。スピードを落とすことなく、3歩のリズムで走り越すことができた。またこの中ではミズホと最も一緒に活動していたが、はじめは4歩・4歩だったのが、ミズホの踏み切るタイミングや位置に合わせられるようになっていくにつれて、3歩・4歩や4歩・3歩になってきていた。また、跳び方は横から足を抜いてくるのではなく、前の足は前方へ出され、後ろの足は横から抜けるという形に変わってきた。

　もう一度話し合いを行い、その後再び個人で活動させた。するとアヤナは、躊躇することなく走り越していった。はじめは意識的に上に跳んでいた動きが、スピードを落とさず低く走り越せるようになった。そしてスピードを落とすことなく3歩のリズムで走り越せるようになった。

【エピソード4】

　第5時のことである。前回と同様に、ナミは前回の活動で、4・5mのコースで走り越せていたため、本時では5mのコースで活動をしていた。という課題で活動をしていた。ナミは走り越すときに腿をあげるように跳ぶ癖があった。5mのコー

スでは、ナミの走り越し方では姿勢が後傾になり、着地でバランスを崩して4歩になることが多かった。また、たびたびつま先で段ボールを蹴飛ばしていた。

そこで、私は同じコースで活動していた子どもに「ナミはどうしたら3歩で行けるようになるかな」とたずねた。するとトモとサキは「上にピョンってなっとるからちゃう」「ナミは空中を歩いとるみたいに跳んどる」といった。そして周りの子どもたちに足を意識して見せるために、ナミをもう一度走らせた。ナミは、スタートのときのスピードはあるが、段ボールの直前で跳び上がり、着地でドスンと降りた。一つ目のインターバルから4歩になり、二つ目の段ボールを越えるときにはスピードに乗らず大股で走ってきたため、重そうに跳んだ。二つ目のインターバルは5歩になり、次の段ボールを越えるときには、膝を上げようとするがつま先が段ボールに当たった。2回目のナミの運動を見たミズホは「膝がこうやってなっとる」と腿あげのようにやって見せ、「着地で歩数が増える」といった。それを見たサキは「だから足で蹴飛ばしてしまうんや」と気がついた。私が解決策を問うと、サキは「遠くから踏み切ったらいいんちゃう」とこたえた。私は、これまでの話を子どもたちからナミに伝えさせた。

アドバイスの後、ナミは走り出すがまだ段ボールの近くで踏み切ってしまっていた。腿があがり、段ボールを蹴飛ばした。ナミはもう一度挑戦した。するとナミの踏み切る位置がこれまでより遠くなり、前の足がこれまでよりも伸びていた。しかし、着地でバランスを崩し、二つ目のインターバルで5歩になる。私は「ナミ、今くらいの所で踏み切ったらいいから、思い切り走ってみな。大丈夫やか

ら」と声をかけ、もう一度走らせた。ナミは先ほどよりもスピードをあげ、遠くから踏み切り着地した。頭が体よりも前になったままの状態でバランスを崩すことなく3歩のリズムで最後まで走り越すことができた。

5●小型ハードル走における学び

　表1は、各エピソードの小型ハードル走における学びのプロセスを時系列で表記したものである。いずれのエピソードの場合も、「課題未達成の子ども」の「困り感」を中心におきながら、他者との協同的学びが展開されていることがわかる。

　【エピソード1】では、課題未達成のタクミと課題達成のコウヘイをペアで活動させることと、タクミたちの「困り感」を全体の場で共有することを通して、タクミを引き上げている。【エピソード2】も同様に、ミキたちの「困り感」を授業者とのペア活動や全体の場における共有、さらには、授業者とモモの運動を観察させることにより、ミキを引き上げている。一方、【エピソード3】のアヤナは安定した走りのモエカとのペア活動も行っているが、安定感に欠けるミズホと最も長く活動を一緒に行うことにより、その後の個人活動で課題を達成している。

　こうした「課題未達成の子ども」と「課題達成の子ども」による異質な関係によるペア活動は、前者の引き上げばかりではなく、後者にとっても恩恵を得られるものとなっている。実際に、【エピソー

表1 小型ハードル走における学びのプロセス

■第2時 「3歩でリズムよく走り越せるインターバルを見つけよう」

個人活動 (5.5m)	ペア活動	全体の場
コウヘイ→◯ タクミ→×	コウヘイ＊タクミ→×（7回） タクミ＊別の友だち→×	コウヘイ＊タクミ→× 「あー、合わんかったぁ」 「タクミが2個目からおいてかれとった」 「最後が合わんかった」 「2個目までは合っとんのやけど、タクミが2個目跳んでからスピードが遅くなってた」 「2個目の後、スピードさんどにしたらいいんや」（リョウタ） ⇩ コウヘイ＊タクミ→◯

■第3時 「インターバルが長くなっても3歩でリズムよく走り越せるかな」

個人活動 (5.5m)	ペア活動	全体の場
ヒカル→◯ ミキ→×	ヒカル＊ミキ→× 　（何度も） 授業者＊ミキ→◯ 授業者＊ヒカル→× ヒカル＊ミキ→×	ヒカル＊ミキ→×（3回ほど） 「スピードが落ちると歩数が増えてしまう」（ヒカルとミキをはじめとする他の子どもたち） 「スピードを意識してやってみるように」（授業者） 授業者→モモ→◯ それを見ていたヒカルとミキ ⇩ ヒカル＊ミキ→◯

■第4時 「段ボールが高くなっても3歩でリズムよく走り越せるかな」

個人活動	ペア活動	全体の場
アヤナ→5m アヤナ→5m アヤナ→4.5m	段ボール横置き◯ 段ボール縦置き◯ 段ボール縦置き×	「高くなってどうだった」（授業者） 「高くなって上に跳んでしまうようになった。そのせいで3歩で行けやんくなった」
	アヤナ＊4人→× アヤナ＊モモ→◯ アヤナ＊ミズホ→×	

132

■第5時 「段ボールが高くなっても3歩でリズムよく走り越せるかな」

個人活動	グループ活動	個人活動
ナミ→4.5m　段ボール縦置き○ ナミ→5m　段ボール縦置き×	「ナミはどうしたら3歩で行けるようになるかな」（授業者） ↓ 「上にピョンってなったらちゃう」（トモ） 「ナミは空中を歩いとるみたいに跳んどる」（ケキ） ナミ→再走× 「膝がこうやってなっとる。ぞんでタタンってなる」（ミズホ） 「着地で歩数が増える」（ミズホ） 「だから足で蹴飛ばしてしまうんや」（ケキ） ↓ 解決策を問う（授業者） ↓ 「遠くから踏み切ったらいいんちゃう」（ケキ） ↓ ナミに伝えるよう促す（授業者） ↓ ナミは友だちのアドバイスを聴く	ナミ→1回目× ナミ→2回目× ↓ 「ナミ、今くらいの所で踏み切ったらいい、思いっ切り走ってみな。大丈夫やから」（授業者） ↓ ナミ→3回目○
「上へ跳ぶと着地でバランスを崩してしまった」 ↓ 「じゃあどうしたらいいのかな」（授業者） ↓ 「スレスレで跳ばなあかん」 「上じゃなくて（低めに）前に行かなあかん」 （アケナはみんなの話を真剣に聴いていた）		⇩ [全体の場]　での話し合い （皆も一緒に活動） [個人活動]　アケナ→○

ド１」の一人だと走り越すことができるコウヘイもタクミと一緒になると「タクミさんと全然合わんかった」ということばや何度も一緒に走っている姿からは、３歩でリズムよく走り越すためのポイントをつかみ切れていない様子がうかがえる。つまり、タクミの「困り感」はコウヘイにも通ずるものであり、やがてはそのポイントが「２個目の後、スピード落とさんようにしたらいいんや」というリョウタのことばから、「走っているスピードを落とさない」ことを自分のものにしている。

以上のことから、異質な他者関係による「困り感」を中心においたペア活動は、互恵的な学びを生起させるものと考えられる。

続いて、どのエピソードの場合も、授業者による直接的な技術指導によって、子どもたちがハードル走の技能を獲得していくという学習スタイルではなく、物理的条件（間隔長、箱の置き方など）と人的条件（一人かペアか）を変化させた課題の設定によって、子どもたちの技能を立ち上げていることが特徴的である。単元を通して貫き通している課題は、「共有の学び」にあたる課題①の「３歩でリズムよく走り越せるかな」ということである。この課題は単元を通して変えられることはないが、いったんこの課題が達成されると条件が難しい課題によって、子どもたちを「困らせる」ものとなっている。【エピソード３】では、５ｍコースの段ボール横置きの場で課題達成していたアヤナだが、段ボールの高さが高くなった途端に走り越すことができなくなり、４・５ｍコースの段ボール縦置きの場で課題に挑戦することになる。また、【エピソード４】のナミの場合も、４・５ｍコースの段ボール縦置きの場から５ｍコースの縦置きの場へとインターバルを長くした途端に走り越せなくなりその場で挑

戦することになる。こうした課題（制約）は場の変化とリンクしており、ハードル走における技能と連動している。例えば、【エピソード2】ではインターバルが長くなるという制約により「走っているスピードを落とさない技能」を、【エピソード3】では段ボールが高くなるという制約により「低く走り越す技能」を、【エピソード4】でも同様に、段ボールが高くなるという制約により「走りながら遠くから踏み切る技能」を立ち上げている。

また、こうした技能の立ち現われる前には、気づきが生じていることがわかる。【エピソード1】ではリョウタの「2個目の後、スピードを落とさんようにしたらいいんや」ということばの直後にタクミたちは課題達成を遂げている。【エピソード2】では授業者と一緒に走ったことがきっかけとなり、授業者とモモのスピードに乗った走りを見ることで体験のイメージを強化し、ヒカルとミキは課題を達成している。【エピソード3】においてアヤナは六人の友だちとのペア活動後の個人活動において課題を達成し、【エピソード4】では授業者の「ナミ、今くらいの所で踏み切ったらいいから、思い切り走ってみな。大丈夫やから」という声かけの直後にナミは課題を達成している。このような気づきは、それまでの運動を壊す大きなゆらぎとなり、新しい運動を一気に構築することにつながっているものと考えられる。

6 ● 運動技能の発達過程

図2は、「運動技能の発達ダイナミクスの概念図」（山本2008）とヴィゴツキー：柴田訳（2003）の「発達の最近接領域」を援用しながら、体育の協同的学びにおける運動技能の発達過程を示したものである。

山本（2008）は、運動技能の発達過程において、ある期間は一定の一つの運動パターンが安定であるが、それが徐々に不安定となり、突然新しい安定した運動パターンに切り替わるという考えを示している。これは図2のように、❶は個々の要素がある配置を持っている状態にある。❷は❶の配置に別の要素が付け加わり、元の配置が崩れた状態にある。❸は付け加わった要素がまた別の配置を持った状態にある。❹は❸の配置に別の要素が加わり、元の配置が崩れた状態にある。❺は付け加わった要素がまた別の配置を持った状態にある。このように、通常私たちが口にする「運動ができる」という状態は、❸や❺の要素間が結合し、運動の協応構造が突然ある配置になって、全体として安定した運動パターンに切り替わった瞬間と解釈することができよう。こうした山本の考え方は、Waddington, C. H.（1957）やテーレンら：岡本訳（1993）が示した発達ダイナミクスの概念に依拠しており、微視的な要素間の相互作用によって、巨視的なふるまいに秩序が形成されるという自己組織化現象と結びつけたものである。

一方、「協同的学び（collaborative learning）」とは、ヴィゴツキーの「発達の最近接領域」の理

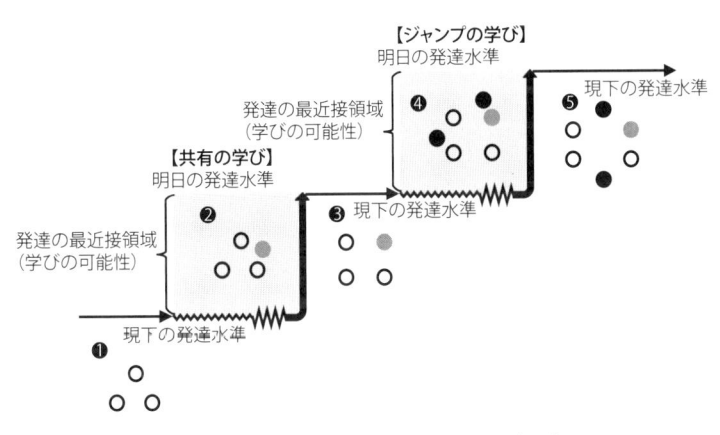

図2　協同的学びにおける運動技能の発達過程

論を背景に持つものである。「発達の最近接領域」とは、一般的に「自主的に解答する問題によって決定される現下の発達水準と、子どもが非自主的に共同のなかで問題を解く場合に到達する水準とのあいだの相違が、子どもの発達の最近接領域を決定する」ものであり、ヴィゴツキーは「教育学は、子どもの発達の昨日にではなく、明日に目を向けなければならない」(ヴィゴツキー：柴田訳2001)と主張した。この「発達の最近接領域」の考え方は、「教授・学習は発達の『尻にくっついて行く』のではなく、『発達に先回りする』べきものであり、適切な教育課題は発達の最近接領域において与えられなければならないという考えをもたらし」(ヴィゴツキー：土井・神谷訳2003)、図2の❷と❹に位置づくものである。

両者の考え方の共通項は、子どもの成熟した現下の発達水準だけではなく、成熟しつつある明日の発

達水準を考慮しなければならないという点にあり、それは子どものできること（図2における❶と❸）から、できないこと（図2における❷と❹）への移行の可能性、すなわち「学びの可能性」としてのゆらぎを教授・学習過程に設定することの重要性を説いている。これは、本実践における安定している状態に運動の中心的なおもしろさを基軸とした難易度の高い条件を付加した課題を提示することで不安定な環境をつくり出したこととと一致する。同時に、「学びの可能性」としてのゆらぎを支える授業者の援助も大切になってくる。具体的な支援として本実践では、課題の到達度が異なる者同士のペア活動や、子どもの「困り感」を中心とした授業展開が、互恵的な学びを生起させるものとなった。

以上のことから、課題を達成できている状態に、条件を難しくした更なる課題の提示は、これまでの安定した場から不安定な場に子どもたちを導くことになるが、仲間や教師の援助を受けながらハードル走における運動技能を形成していくことが明らかにされた。また、運動技能の生成の直前には大きなゆらぎが認められ、こうした大きなゆらぎこそが、学びを大きく飛躍させる要因になるものと考察された。

7 ● おわりに

本章では、体育の協同的学びにおける運動技能の発達過程の解明を目指した。まず、佐藤学が提唱している学びの対話的実践の「三位一体論」から導き出した「体育における対話的学び」に基づき、

小学校第3学年を対象とした小型ハードル走の体育授業を構想し、実践した。次に、対象授業をデジタルビデオカメラで記録を行い、4件のエピソードを抽出した。エピソードは時系列に表記した後、学びが生起するに至った状況と文脈に着目しながら考察を行った。その結果、安定している状態に「運動の中心的なおもしろさ」を基軸とした難易度の高い条件を付加した課題を提示することにより不安定な環境がつくりだされ、学び手はその中で異質な他者（仲間）や教師からの援助を受けながら試行錯誤を繰り返し、やがては大きなゆらぎをきっかけにそれまでの運動を壊し、新しい運動を構築するというプロセスをたどることが明らかにされた。

（岡野　昇）

〈引用・参考文献〉

◎鯨岡　峻（2005）エピソード記述入門―実践と質的研究のために―　東京大学出版会

◎岡野　昇（2008）関係論的アプローチによる体育授業の構築に向けた単元構成試案　日本学校教育学会創立20周年記念論文集　195 - 209頁

◎岡野　昇・谷　理恵・伊藤茂子・佐藤　学（2011）体育における「学び」の三位一体　体育科教育59（6）　32 - 36頁

◎岡野　昇・山本裕二（2012）関係論的アプローチによる体育の授業デザイン　学校教育研究27　00 - 92頁

◎岡尾恵市（1987）リレー競技　ハードル競走　日本体育協会監修　岸野雄三編集代表　最新スポーツ大事典　大修館書店　1005頁

- ◎佐藤 学（1995）学びの対話的実践へ 佐伯 胖ほか編 学びへの誘い 東京大学出版会 72-81頁
- ◎佐藤 学（2012）学校を改革する―学びの共同体の構想と実践 岩波ブックレット842 岩波書店
- ◎テーレン・ウーリッチ・ジェンセン：岡本 勉訳（1993）移動運動の発達的起源 マージョリー・H・ウーラコット、アン・シャムウェイ=クック編 矢部京之助監訳 姿勢と歩行の発達―生涯にわたる変化の過程― 大修館書店 25-45頁
- ◎山本裕二（2008）子どもの適性に合ったスポーツ環境を見つける 児童心理62（14） 51-56頁
- ◎ヴィゴツキー：柴田義松訳（2001）新訳版・思考と言語 新読書社 302-303頁
- ◎ヴィゴツキー：土井捷三・神谷栄司訳（2003）「発達の最近接領域」の理論―教授・学習過程における子どもの発達 三学出版 1頁
- ◎Waddington, C. H. (1957) The strategy of the genes, George Allen & Unwin

第2章 真正な学びにおける「わざ（身体技法）」の形成過程

―― 短距離走・リレー（2×15ｍリレー）の実践から

1 ● はじめに

最近の教育現場では、「学び合い」と称する授業が増加の一途をたどっているように感じられる。しかし、こうした授業には「話し合い」は見られるが「聴き合い」は存在せず、「教え合い」は見られるものの「学び合い」が存在しないことが多い。そもそも、「聴き合う」関係を基盤とする「学び合い」の学習論は、ジョンソンきょうだいの理論やスレイビンの方式に代表される「協力的学び（cooperative learning）」とは異なり、ヴィゴツキーの「発達の最近接領域」の理論とデューイのコミュニケーションの理論に基づく「協同的学び（collaborative learning）」である。両者の違いは、協同

的学びにおいては、協同的学びのように協力的関係よりも、むしろ文化的実践（文化的内容の認識活動）に重点がおかれ、意味と関係の構築としての学びの社会的実践が重要とされる（佐藤2012、31-32頁）。すなわち、教科の本質に沿った「真正な学び（authentic learning）」の追求と対象世界との対話が要請されている点が、協同的学びの特徴であるといえよう。

体育の協同的学びにおける真正な学びや対象世界との対話についての先行研究は、岡野ら（2011）、加納・岡野（2011）、矢戸・岡野（2012）、柳瀬ら（2012）、柳瀬（2012）、加納・岡野（2013）、狭間・原（2013）などの実践研究があげられる。その研究内容の多くは、運動の中で見られる子どもの身体的な変容や気づきが起きた場面を事例として取り上げたエピソード記述（鯨岡、2005）を用いた手法が中心である。この方法は観察者や授業者が出来事に関与している中で間主観的に把握した部分や、自分の思い、場の雰囲気を盛り込むことで、その場のアクチュアルな様相を提示することが特徴としてあげられる。その一方で、行動観察のようにそこで起きている事象を克明にとらえ、客観的事実に基づいた考察が行われないという側面も持ちあわせている。リレーの分析に関する量的アプローチによる先行研究は、トップアスリートを対象にしたものに限定されており、その数も少ない（松尾ら1994、深代ら1998、杉田ら2007、広川ら2009、広川ら2012）。

そこで本章では、質的側面と量的側面の両方からの「運動の記述」を試みることで、真正な学びにおける「わざ」[*1]の形成過程について解明してみたい。

本章では、次の三つの手順を踏まえながら論を進めていくものとする。

第1に、佐藤（1995）が提唱する学びの対話的実践の「三位一体論」と岡野（2011）が提示する体育における「学び」の三位一体、岡野・山本（2012）が摘出した「体育における対話的学び」（リレー）のデザインの視点とその手順に基づきながら、小学校第6学年の短距離走・リレー（2×15ｍリレー）の学びをデザインすると同時に、そのデザインに基づいて実践した授業概要を記載する。また、形成的授業評価（高橋ら1994、高橋ら2003）を用いて全体の授業を診断する。これは4次元9項目からなる質問票を毎授業の直後に子どもに回答させるものである。各質問項目に対し、「はい＝3点、どちらでもない＝2点、いいえ＝1点」の3点満点で回答・点数化し、形成的評価基準[*3]（高橋ら2003）に照らし合わせて5段階評定で授業を診断するものである。

第2に、運動の記述の方法として二つの手法を用いる。

一つは、質的側面からの接近方法としてのエピソード記述（鯨岡2005）である。対象授業について「授業実践（参与観察）─記録─記述─考察」の順で検討を行う。記録方法は、短距離走・リレーの運動過程の様子や子どもたちの会話、授業者と子どものやりとりなどを中心に、デジタルビデオカメラで撮影する。記述方法は、ビデオカメラによる記録を用いながら、エピソードとして記述する。エピソードは、短距離走・リレーにおける学びの生起の場面を中心に、授業者（ただし、事例4はリレーの見本を見せた学生）が記述する。その際、授業者の表記は「私」とし、子どもの名前はすべて仮名でカタカナ表記とする。また、子どもや授業者の発言は鉤括弧で表記する。考察方法は、学びが

生起するに至った状況と文脈について着目しながら考察を行う。

もう一つは、量的側面からの接近方法としてのDLT（direct linear transformation）法（Adbel-Aziz & Karara 1971、池上1983）である。デジタルビデオカメラによって校舎3階より撮影（図1）した映像をパーソナルコンピュータに取り込み、動作分析ソフト（DKH社製、Frame Dias II）を用いて、エピソードで取り上げた子どものコース上の位置（頭部）を1/30秒ごとにデジダイズし、二次元DLT法により実座標へと変換し、スピード曲線として記述し、タイム、バトンパス時の走速度、スピード保持率に着目しながら考察を行う。

第3に、エピソード記述とDLT法から得られたデータと考察に基づきながら、特に文化的な価値に迫る真正な学びにおいて、どのようにわざの形成がなされていくかについて解明する。

2 ● 学びのデザインと授業概要及び形成的授業評価

(1) 学びのデザイン

本実践では、リレーの中心的なおもしろさを「前走者の速さをつなぐ」と設定し、学びの内容を「渡し走者（第1走者）の終末局面と受け走者（第2走者）の準備局面が融合し、速さをつなぐためのわざの形成」と設定した。また、子どもたちには、「合計

144

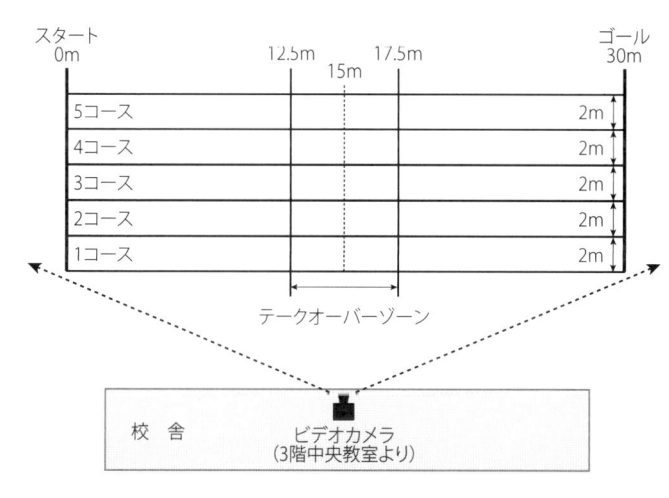

図1　場の設定

(2) 授業概要

○日　　時：2012年10月24日〜11月14日（全4時間）
○場　　所：三重県津市立B小学校運動場
○授　業　者：三重県津市立B小学校第6学年担任
○学　習　者：三重県津市立B小学校第6学年児童39名
○運　　動：陸上運動／短距離走・リレー（2×15mリレー）
○場の設定：単元を通した場は、図1の通りである。

タイムをどれだけ縮めることができるかな（課題①：共有の学び）」と「基準タイムをどれだけ縮めることができるかな（課題②：ジャンプの学び）」の二つの課題を提示した。合計タイムとはペアそれぞれの15m走タイムの総和であり、基準タイムとは課題①における最高タイムのことである。

30mのコースを5本設定し、各コースの幅は2mである。スタート地点より、12・5m地点から17・5m地点の5m区間をテークオーバーゾーンと位置づけた。

○単元概要

第1時（10月24日）は、単元のテーマ及びタイムの計り方やコースの使い方などを説明した後、15m走の計測を行った。その後、あらかじめカップリングしておいた異性ペアで課題①に取り組ませた。本時で課題を達成することができたのは、全20ペア中11ペアであった。第2時（10月31日）は、第1時の異性ペアで課題②に取り組ませた。なお、課題①を達成していないペアは、そのまま課題①に取り組ませた。本時では、全20ペアが課題を達成することができた。第3時（11月6日）は、あらかじめカップリングしておいた同性ペアで課題①に取り組ませた。また、本時ではタイムを計測する機会は、活動開始時の2回と活動終了時の2回という条件を加えた。本時では、全20ペア中、欠席者3名と見学者1名がいるペアを除く全ペアが課題を達成することができた。第4時（11月14日）は第3時の同性ペアで課題②に取り組ませた。第3時の授業にて、子どもたちに飽和状態が見られたため、本時では活動開始前に大学生がリレーの見本を見せたり、活動中は各コースに大学生が入り、一緒に走ったり、アドバイスを行ったりした。本時で課題を達成することができたのは、全20ペア中15ペアであった。

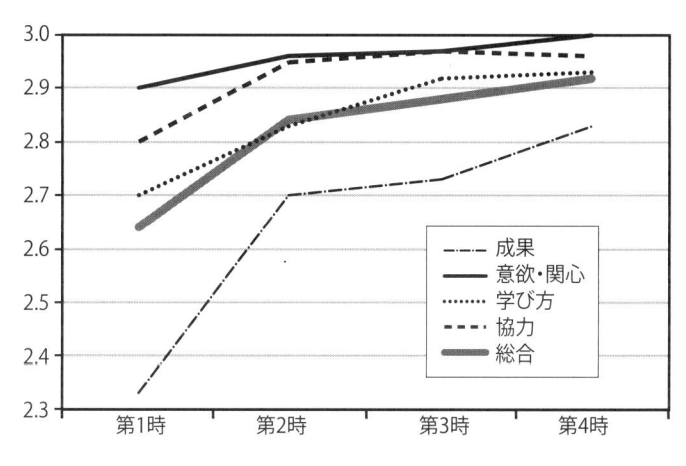

図2　形成的授業評価スコア推移

表1　形成的授業評価スコア

	第1時	第2時	第3時	第4時
成　　果	2.33 (3)	2.70 (5)	2.73 (5)	2.83 (5)
意欲・関心	2.90 (4)	2.96 (4)	2.97 (4)	3.00 (5)
学 び 方	2.70 (4)	2.83 (5)	2.92 (5)	2.93 (5)
協　　力	2.80 (4)	2.95 (5)	2.97 (5)	2.96 (5)
総　　合	2.64 (4)	2.84 (5)	2.88 (5)	2.92 (5)

(3) 形成的授業評価

表1は、形成的授業評価のスコアであり、図2はその推移を示したものである。表1における各次元及び総合の上段に示した数値はクラスの平均値（3点満点）であり、下段に示した括弧内の数値は評定（5段階評価）である。

授業の全体的な傾向を「総合」のスコア推移からみると、第2時以降は診断基準の評定で5点満点を示していることから、大変評価が高かった授業であると考えられる。また、4次元中3次元（「成果」「学び方」「協力」）について、第2時以降の診断基準の評定で5点満点を示していることから、子どもたちに極めて高く受けいれられた授業であったと推察できる。

3 ● 学びの実際と考察 ── エピソード記述による質的アプローチ

本授業は子どもによる形成的授業評価で高く受けいれられた実践であるということを前提に、個別具体的な事例を4件取り上げながら、その内実に迫っていくこととする。

事例1は第2時で合計タイムをきることができなかったペアが、他のペアの試走を手がかりとしながら、第3時に合計タイムの短縮を果たすことができた事例である。事例2は第2時で基準タイムをきることができないでいたペアが、全体の場で取り上げられ、仲間のアドバイスを受けながらタイム

の短縮を遂げた場面を描いたものである。事例3は第4時で基準タイムをきることができなかったペアが、教師のアドバイスを受けながらタイムの短縮を遂げた場面である。事例4は第4時で子どもたちに見本を見せることになった大学生（陸上競技部所属）の練習場面を取り上げた。

図3・4・5・6は、それぞれの四つの事例のスピード曲線を描いたものである。点線はタイムが伸びる前の試走 (pre) を、実線はタイムが伸びた後の試走 (post) を表したものであろ。そして、バトンパス開始時地点を◆で、バトンパス終了時地点を●で表示し、その区間を直線で表示した。

(1) 事例1

【エピソード1】「一人一人が本気で走る」から「二人で止まらずに走る」へ

第2時の後半の場面である。アキオとサキの記録表を見ると、合計タイムより遅くなってるやん」と話しかけた。すると、サキは「そう、遅くなっちゃったん」とこたえた。アキオとサキに理由を聴いてもはっきりしなかったので、同じグループのリヿとジュンペイに見てもらうことにした。

アキオとサキの走りを見ると、アキオが全力で走ってくるのに対し、サキはバトンを完全に止まったまま受け取ってから走り出していた。そのため、せっかくアキオが全力で走ってきても、テークオーバーゾーンでその勢いをつなぐことができず、タイムも縮まっていなかった【図3点線部分】。すると、アキオが少し苛立ち、「絶対真剣に走ってないやろ、サキ」と詰め寄った。私はアキオが話している

のをさえぎるように「ジュンペイが見とってくれたよ」といい、アキオとサキにジュンペイの話を聴かせた。すると、ジュンペイは「バトン渡すときにさ、こんなふうになんかさ、サキがドタドタ歩いとる感じがするよ。僕は…」と動作を交えながらサキに向かって話した。サキはまた苦笑いしながら聴いていた。するとアキオがそんなサキの態度にさらにイライラして、「本気で走ってないやろ。足痛くても、我慢して本気で走ってよ」と少し強い口調でサキにいった。

　私はそのとき、合計タイムを縮めているリコとジュンペイのペアの走りを見せれば、アキオとサキも何か気づくだろうと考え、リコとジュンペイに走ってもらうことにした。アキオはテークオーバーゾーンの近くへ行き、サキはゴール付近で記録用紙を持ちながら、ジュンペイとリコが走ってくるのを見た。ジュンペイが走り終えると、二人のタイムは0・07秒速くなっていた。アキオが「やっとわかった」とにこにこしながらゴール付近へ走ってきた。私が「アキオ、何がわかったん？　いう て」と聴き返すと、アキオは嬉しそうに「バトンするときに、なんちゅうの。その走る人、第1走者が、走るときに、バトン渡すときに、『走れ』っていうたから、出たんやと思う」とこたえた。そして、サキは「リコがむっちゃ走っとった。ギリギリまで」とこたえた。この日は時間がなかったので、これで終わることにした。

　次の時間（第3時）、私はアキオとサキがどうしているか気になっていたので、様子を見に行った。すると、二人のタイムがかなり縮まっていたので、「なんでなん？」と聴くと、どうして自分たちの

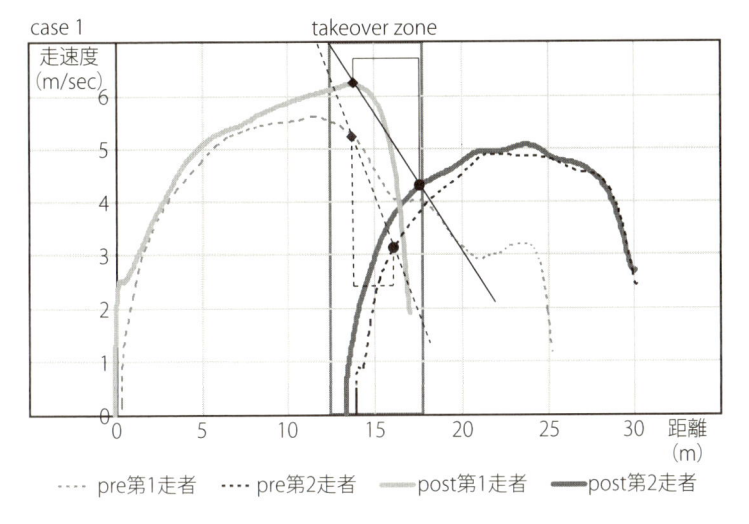

case 1　takeover zone

図3　事例1のスピード曲線

···· pre第1走者　···· pre第2走者　── post第1走者　── post第2走者

　タイムが縮まったのかがはっきりとわからないという様子だった。私も二人の何が変わったのかを見たかったので、二人にもう一度走ってもらうことにした。

　アキオとサキのリレーを見ると、アキオがスタートをきった直後にサキも同時にゆっくりと走り出し、テークオーバーゾーンのギリギリで走りながらバトンをもらうことができていた【図3実線部分】。今までサキは止まったままバトンをもらっていたので、それに比べるとずいぶん助走がつき、第1走者と第2走者がすっと入れ替わり、流れるようにバトンパスができていた。走り終えた後に、私が「今どうやった？」と聴くと、アキオが「バトンの持つところをちょっと工夫した。先を長くした」と嬉しそうにいった。サキも同時に「私も先を持って…」とこたえた。私は「それをすると何で速くなる

151　第2章…真正な学びにおける「わざ（身体技法）」の形成過程

ん?」と聴き返したが、まだことばに実際に表すのは難しそうだった。私は同じグループのリコとジュンペイに実際にバトンを持たせて、二人の距離をできるだけ離し、「ギリギリ離れとった方がいいということ?」とアキオとサキに確認した。すると四人は「そういうこと」といいたそうにうなずいた。

【エピソード1】におけるアキオとサキは、二人の合計タイムより記録表のタイムが遅くなっていた。タイムが縮まらないことに対して、アキオはサキの走る意欲が問題であると指摘をしている。アキオとサキの走り方を見ていたジュンペイが、テークオーバーゾーンでのサキの動き方について話をしているにもかかわらず、本気で走ることを強く要求していることからも、サキに原因があると感じていることがわかる。

この認識を持っている二人が、合計タイムを縮めているジュンペイとリコの走りを見たときに、「バトンをするとき」「バトン渡すときに『走れ』っていうたから」と、個人の走りよりもテークオーバーゾーンでの言動に注目を向けるようになっている。そして次の時間には、二人のタイムが縮まっていく。二人は、タイムが縮まったわけをはっきりとは言語化できていないが、今まで止まったままバトンをもらっていたサキが、ずいぶんと助走がつくようなバトンの受け方に変化している。

アキオとサキの姿は、タイムを縮めるための意識や動きが、本気で走ることだけではなくテークオーバーゾーンの使い方へと向かっていることがわかる。この変化は、与えられた15mを「一人一人が目的地までより速く走る」短距離走の技能から、30mをひとまとまりととらえ「第1走者のスピードを

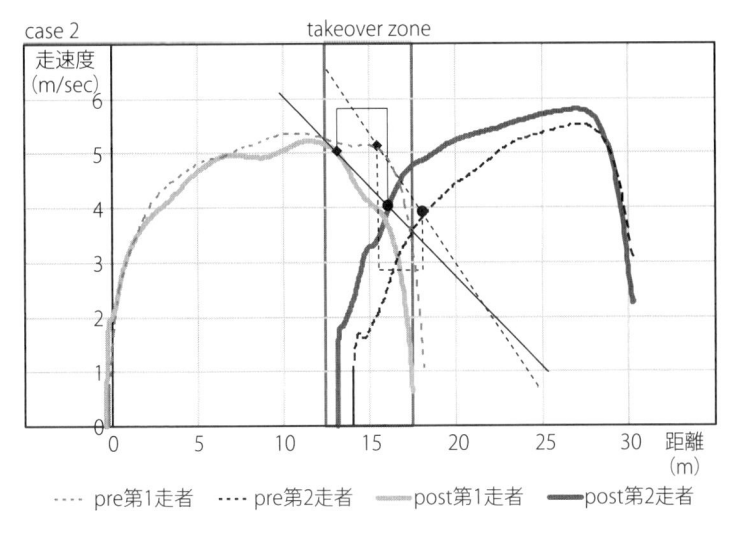

case 2　takeover zone

図4　事例2のスピード曲線

‥‥ pre第1走者　‥‥ pre第2走者　── post第1走者　── post第2走者

止めずに第2走者へつなぐ」というリレーならではの技能が立ち現れたからであると推察される。

(2) 事例2

【エピソード2】「受け取ってから前を向いて走る」から「前を向き走りながら受け取る」へ

第2時の終盤に、まだタイムが縮まらないアキとフミオのペアを取り上げ、全体で課題を共有させようとした場面である。

アキとフミオのリレーを見ると、バトンパスも上手で特に問題はないように感じたが、基準タイムより特に縮まっていなかった【図4点線部分】。フミオ自身も何が原因でタイムが縮まらないのか、困惑しているようだった。私は周りの子に、「どうしたらええの?」と聴くと、アキが即座に「知らん…」とつぶやいた。アキも自分がど

うすればいいのかわからず投げやりになっていた。そんなアキの気を取り戻すためにも、私は周りの子どもたちに「いやいや、見とる人に聴いとるんやで。やっとる人はわからへんのやで。(アキに向かって) そやで知らんのやろ？　困るんやろ？　見とった人がいうたらなあかんやん」といった。すると、コウスケが「なんか、フミオがバトンもらったときにちょっと違う方向に走り出しているん…」といい、「1歩目出した次にまた正しいとこに直してるん」といった。コウスケのいっている意味がわかりにくかったので、私はコウスケに「うん。ちょっとやってみて。どこへ走り出すん？　フミオ君は？」というと、コウスケはすぐにテークオーバーゾーンへ行き、「えっ、なんか、このあたり（バトンパスの一番手前のあたり）で受け取ったら、なんかこっちの方へ（ゴールに向かって右側へ）1歩踏み出してるん」とやって見せた。それを見て、マサオが「だから、外側でもらったら方がいい」といい、それに続いてユウガが「そうそうそうそう、それ」と納得したようにいった。ユウガはさらに、「後ろを見とってバトンもらうことに専念してるから、前をパッと見たときに、あれ、別の場所に進んでるってことになって、フミオが「バトンもらいに後ろ向いてるから、方向わかんのちゃう？」といった。すると、ユウガが「そうそうそうそう、それ」と納得したようにいった。ユウガはさらに、「後ろを見といて、バトンもらうことに専念してるから、前をパッと見たときに、あれ、別の場所に進んでることになって、フミオが「バトンもらいに後ろ向いてるから、方向わかんのちゃう？」といい、「止まれやんから1歩踏み出してからの軌道修正を…」といった。「ほな、どうしたらええん？　でも、まぁ、直すには」と私がもう一度ユウガに聴くと、ユウガは「ずっと後ろを向いとくんじゃなくて、もう寸前で前を向いて、方向が合ってるか確認してからバトンをもらった方がいいと思う」といった。それを聴いたフミオは、安心した様子で「わかりました」といった。そのフミオが準備をしているときに、マコトが「フミオはあっちの方に行った方がいい」といった。そ

して、ヒロキも「フミオはここから助走つけてもらったほうがいいやん」とフミオに教えた。フミオはテークオーバーゾーンの一番手前で構えた。しかし、その後、2回目、3回目と走ったが、基準タイムを超えることはできなかった。そのたびにいろいろなアドバイスを友だちからもらうのだが、フミオはなかなかスタートをきるタイミングがつかめないでいた。そして、いよいよラストの4回目。フミオはアキが走り出しテークオーバーゾーンに近づくまで後ろを向いたまま構えた。そして、アキがテークオーバーゾーンに近づくとゆっくりとスタートをきり、バトンをもらう瞬間に、パッと向きを変え、ギリギリのところでバトンをもらった。そのとき、何人かの子どもと私は思わず「よっしゃっ」と叫んだ。フミオはそのまま全力でゴールまで走りきった【図4実線部分】。みんながかたずを飲んで見守る中、私が「いくつやったん？」とタイムを聴くと、「5秒95」と計測していた子がこたえた。その瞬間、全員が「オーッ」と歓声をあげ、温かい拍手が起こった。

【エピソード2】のアキとフミオのペアは、自分たちではバトンパスが上手にいっていると感じているにもかかわらず、タイムが縮まらないことに困惑をしている。

この二人の困り感を全体で共有する中で、コウスケは、フミオがバトンを受け取ってからゴールに向かうときの1歩目に注目し、1歩目が右側に踏み出していることがタイムロスを生んでいると指摘している。走る方向がずれていることに対して、マサオは、フミオがバトンを受け取るときに、第1走者のアキの方を見ていることが原因ではないかと考えている。マサオのことばにフミオも納得して

いることから、フミオはマサオのことばによって、バトンをしっかりと受け取ってから走ろうとしているために、走る方向がずれてしまう自分に気づくことができたと考えられる。

さらに、続くユウガの「ずっと後ろを向いとくんじゃなくて、もらう寸前で前を向いて」というアドバイスにもフミオは肯定的にこたえていることから、これまでバトンをもらうことに専念していたフミオの認識に変化を与えていると見ることができる。その後の活動に移って4回目のとき、フミオはアキからバトンをもらう瞬間にパッと向きを変え、ギリギリのところでバトンをもらい、ゴールまで直線的に走ることができたことによって、基準タイムよりもタイムを縮めることに成功している。

フミオの動きは、「バトンをしっかりと受け取ってから前を向いて走る」ことから、「受け取る前に前を向き、走りながらバトンを受け取る」に変化したといえるだろう。換言すると、「バトンを受け取る」と「走る」という二つの動きを分断して一つずつ行うのではなく、「バトンを受け取りながら走る」という二つの動きに融合局面をつくり出し、動きをつなぐことができるようになったことが、スムーズなバトンパスを生み出したと考えられる。

(3) 事例3

【エピソード3】「自分たちの感覚をもとにつなぐ」から「明確なポイントをもとにつなぐ」へ

第4時の場面である。もう少しで基準タイムを更新しそうだった【図5の点線部分】ミコとサキコは第1走者がどこまできたら、第2走者が走り出せばよいのかがわからず、つまずいていた。私は第

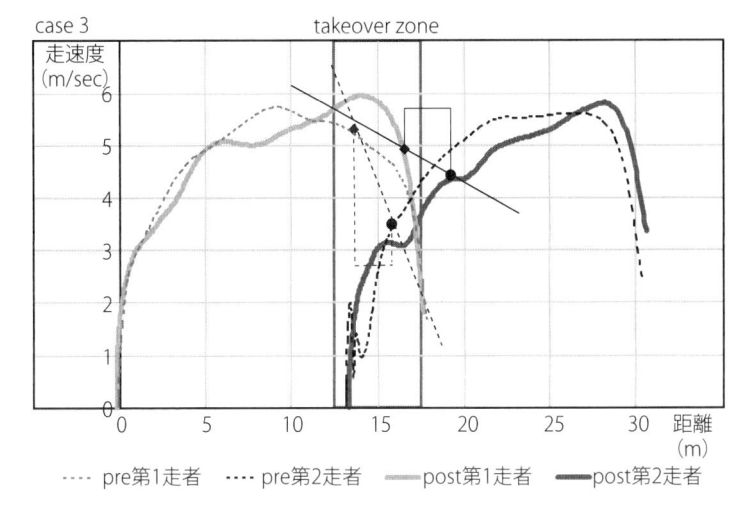

case 3　takeover zone

図5　事例3のスピード曲線

‥‥pre第1走者　‥‥pre第2走者　━━post第1走者　━━post第2走者

2走者が走り出すタイミングをつかませるため、「それって、はっきりとわかる方法ないの？このタイミングで走り出したらいいっていう」とミコに投げかけた。すると、サキコが「サキコが白い線踏んだら…」とテークオーバーゾーンの一番スタートよりの線まで来たら走り出すということをいった。それを聴いたミコが「えっ、遅すぎやん」と驚いたようにいった。私も「遅すぎるやろ」とサキコにいうと、サキコは「遅すぎる？」と照れながらいった。ミコが「リードの線の同じくらいの間隔の…」といったので、私は「あー、テークオーバーゾーンぐらいってことよね」と確かめた。ミコは「同じぐらい。その辺…」とこたえた。私はミコに「もっとこってとはっきりさせた方がええね。もっとこってっていうところ」と投げかけた。そして、二人に「それやってみ。どこまで来たら。もう、計らんで

ええんやろ。練習してみ」と、何か工夫をするだろうと期待しながらその場を離れた。

私はしばらくして、ミコとサキコの様子を見に行った。すると、グループの四人がテークオーバーゾーンの所で何かをしようとしていたので、私はミコとサキコに「場所決めたん?」と聴いた。ミコは「めっちゃ出たんさな…。もっと近くでもいいんかな」などとサキコと話しながら、スタート側に走っていき、足で線を引いていた。ミコが先に引いた線の所とテークオーバーゾーンまでの半分ぐらいの所に線を引こうとしたので、それを見たユウジが「やり過ぎやろそれは」といった。それを見て、私はミコに「どれぐらい出たん」と聴くと、ミコはテークオーバーゾーンから1・5mほど離れたところで、バトンを受け取ったということがわかった。そして、ミコが「なんか、あそこの線（最初に自分たちが引いた線）は最初、あんまりここの幅（テークオーバーゾーンの幅）では速くって、（テークオーバーゾーンを）越えてから走っとって、向こうから勢いつけたほうがいいっていわれて、勢いをつけたら、出てしまうんやね、なんか…」と、自分のいいたいことがまとまらない様子だった。そこで、私は「ほんなら、もうちょっと手前にした方がええよね。あの線より」というと二人はもう少しテークオーバーゾーンの方に線を引いた。それを見て、私は「うん、そこら辺」と確認し、ミコとサキコを走らせることにした。

私はミコに（サキコがそこまで来たら）「全開で走るんやで」といった。二人は「わかった」という感じでそれぞれの場所に移動した。サキコがスタートの合図と同時に走り出し、ミコはサキコが線

の所まで来るのをじっと見つめていた。そして、サキコが線の少し手前まで来た瞬間、ミコはサッとゴールの方に振り向き全開で走り出した。テークオーバーゾーンのギリギリでバトンをもらい、ゴールまで駆けぬけた【図5実線部分】。期待してタイムを見せてもらうと、今までで一番いいタイムだった。私は思わず「オーッ、ナイスナイスナイス。今のがもう全開につながったっていう感じやね」と声をかけた。サキコとミコも嬉しそうに自分たちのタイムを確認した。

【エピソード3】のミコとサキコは、第2走者であるミコが走り出すタイミングをつかめずにいた。教師とのやりとりの中でも、「リードの線の同じくらいの間隔」「その辺…」と、自分たちの感覚を頼りにしながら、第2走者がスタートするタイミングについて話をしている。感覚を頼りにしていることが二人の課題ととらえた教師から、スタートするポイントをはっきりさせることを提案されると、二人の活動の様子に変化が現れる。

ミコとサキコは、走る前に第2走者であるミコが走り出すポイントとなる線を引き、線に合わせて走り出したときの結果を振り返り、次に走るときには線の場所を修正しながら進めていくようになっている。バトンがミコに渡らずに、テークオーバーゾーンを出てしまうこともあったが、その失敗をもとに、線を引く場所を変え、サキコが線の所まで来るのをミコがじっと見つめて、サキコが線を通過する直前にスタートをきると、テークオーバーゾーンのギリギリのところでバトンパスを行うことができてい

る。

ミコとサキコの活動の仕方は、「自分たちの感覚」を頼りにしていたため、失敗の原因を振り返ることが困難であったといえよう。そこから、線を引くという「明確なポイント」をもとにして、反省しながら活動できるようになったことが、テークオーバーゾーンのギリギリでのバトンパスにつながったのであろう。

(4) 事例4

【エピソード4】「確実にバトンを渡す」から「結果としてバトンがつながる」へ

第4時で子どもたちの前で見本を見せるにあたり、第1走者の私（ユカ）、第2走者のショウでバトンパスの練習を行った。ショウはテークオーバーゾーンの手前に立ち、私がだいたいのところまで走ってきたらじりじりとリードしてスタートし、私の方に体を向けながらバトンをもらう練習を行った。すると、ショウが私からバトンを受け取るころにはテークオーバーゾーンをオーバーしてしまった。もう一度同じように行ったときも、私がショウに合わせるような、スピードをつなぐバトンパスとはかけ離れたパスとなってしまった。ここで、最高スピードでは5mのテークオーバーゾーン内でバトンを渡すことができないという「困り感」が私たちに生まれた。そこで、私たちはテークオーバーゾーンを広げて（テークオーバーゾーンを10mにして）バトンパスを行ってみた。すると、5mで行ったときにはテークオーバーゾーン内で渡せなかったバトンを渡すことができた。このときは二人とも、

そこで私たちは、子どもたちに見本を見せる際にテークオーバーゾーンを10mにして行うことを先生（大学教員）に提案した。しかし、子どもたちが使っているテークオーバーゾーンを使っての見本でなくては意味がないことを指摘され、5mのテークオーバーゾーンを使って、いかにバトンを渡すかということを考え始めた。まず初めに私たちが考えたことは、第1走者が流し程度の速度で走り、確実に5mのテークオーバーゾーン内でバトンを第2走者に渡そうということができた。しかし、第1走者が第2走者に合わせてバトンを渡すと、なんとか5mの間でバトンを渡すことができた。しかし、数本やってみるとこれではスピードを全くつなげていないということに気がつき、どうしたらよいかをもう一度考え直そうとしたが、その日はもう日が暮れてしまっていたため、次の日にもう一度練習を行うことにした。

そして翌日早朝、私がテークオーバーゾーンよりも3mほど手前の位置に木の枝を置き、「ここまで私が走ってきたら思いっきり走り出してみて」とショウにいった。そして、私がバトンを渡す前にショウがテークオーバーゾーンをオーバーしてしまった。二人はリレー経験者であったが、この方法で練習を行ってみても、やはりスピードが出過ぎると5mのゾーンではパスが難しいのではと感じた。しかし、木の枝でダッシュする練習のときに、前日まで行っていたどちらかがスピードを合わせてスタートするバトンパスとは全く違う感覚を感じ、そこからは両者が速度を緩めることなく全力で走って渡せるポイントを探すこと

case 4（学生）

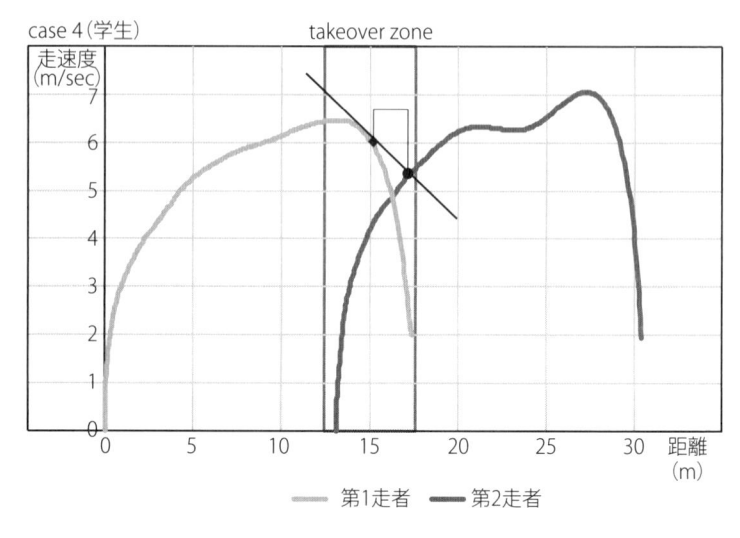

図6　事例4のスピード曲線

にした。そのポイントに第1走者がきたら第2走者がダッシュでスタートするという練習である。そして、何度もポイント探しの練習を行い、最終的にテークオーバーゾーンから1・5〜2m手前のあたりのところが二人ともがスピードを落とさずにパスできるポイントであることがわかった。そこで、私がショウに「この枝のところまできたらバトンのことは何も考えやん（考えない）でいいから、とりあえず飛び出して、声かかったら手出して」といった。このことばかけで、第2走者のショウは私が枝まで走ってきたら、前をみてダッシュで走り出し、私は渡せそうなところで「はい」と声をかけ、バトンを渡すことができた。しかし、もう一度やってみると失敗をしてしまい、ショウがテークオーバーゾーンから出てしまった。そこで私が「加速とか考えやんと、この枝に私が来た瞬間がス

タートのサインやと思って」といった。ショウはその意識をもってもう一度行った。するとバトンを上手く渡すことができた。

そして、見本を見せる本番直前に、その日の朝、見つけた二人が全力で走ることのできるポイントに小さく印をつけた。本番ではその印のところでショウがスタートし、私もショウもスピードを緩めることなくバトンパスをすることができた（図6）。

　ユカとショウは、陸上競技部員としてリレーを経験している二人である。しかし、テークオーバーゾーンが5mという場で取り組む中で、二つの課題にぶつかっている。一つは、「テークオーバーゾーンをオーバーしてしまう」ことである。ショウが、だいたいのポイントで「じりじりと」スタートし、ユカの方に体を向けながら走っているにもかかわらず、テークオーバーゾーン内でバトンをつなぐことができていない。この課題は第1走者であるユカが流し程度で走り、そのスピードに合わせてショウも走るという確実に「バトンをつなげよう」とする走り方を行うことによって解消されている。

　しかし、第1走者が流し程度で走る方法は、二人のもう一つの課題をさらに大きくすることとなる。それは、リレーの中心的なおもしろさと直結する「最高スピードでバトンを渡す」ことである。二人は、リレーの経験者であり、スピードをつないだままバトンがつながることの大切さやおもしろさを知っているため、確実にバトンパスができても、スピードがつながっていないことに納得がいかず、もう一度バトンパスの方法を考えることとなる。

そこで考えたのが、走り出す明確なポイント（木の枝）を目印にして、第2走者が走り出すという方法である。この方法は、これまで意識の中心にあった「確実に渡す」ことからの変化を生まれたと考えられる。試行をするたびに、ユカから「思いっきり走り出す」「バトンのことは考えやんでいいから、とりあえず飛び出して」「枝に私が来た瞬間がスタートのサイン」とショウへ投げかけられているように、スタートの瞬間や走るスピードに関することを二人の約束事にして走っており、その中で、結果としてテークオーバーゾーン内でバトンパスを行うことができるポイントを探しているといえるだろう。

二人は、自分たちの課題に対し、「確実にバトンを渡すこと」を目指して試行を始めた。そこから、二人ともがスピードを緩めないというリレーの中心的なおもしろさに直結する動きを二人の約束事にし、5m内で「結果としてバトンがつながる」ポイントを探すように変化していったことで、運動の質が高まったと見ることができるのではないだろうか。

4 ● 学びの実際と考察 —— DLT法による量的アプローチ

表2は、2×15mリレーのタイムの分析結果である。四つの事例について、タイム（sec）、バトンパス開始時走速度（m/sec）、バトンパス終了時走速度（m/sec）、速度保持率の観点から結果を示し、事例1・2・3はこれにタイムが伸びる前の試走（pre）と伸びた後の試走（post）の結果も表示した。

表2 2×15mリレーの分析結果

	事例1		事例2		事例3		事例4
	pre	post	pre	post	pre	post	
タ イ ム (sec)	6.98	6.20	6.14	6.05	6.81	6.04	5.13
	0.78 ⇧		0.09 ⇧		0.77 ⇧		
バトンパス開始時走速度 (m/sec) ＊A	5.28	6.21	5.11	5.09	5.27	4.80	6.03
	0.93 ⇧		0.02 ⇩		0.47 ⇩		
バトンパス終了時走速度 (m/sec) ＊B	3.09	4.25	3.80	3.92	3.34	4.34	5.25
	1.16 ⇧		0.12 ⇧		1.00 ⇧		
速度保持率 (＊B／＊A)	0.58	0.68	0.74	0.77	0.63	0.90	0.87
	0.1 ⇧		0.03 ⇧		0.27 ⇧		

バトンパス開始時走速度とは、第1走者が第2走者にバトンを渡し始めた地点の速度であり、バトンパス終了時走速度とは、第2走者が第1走者からバトンを受け終わった地点の速度である。また、速度保持率とは、バトンパス終了時走速度をバトンパス開始時走速度で割ったものであり、1に近いほど速度を保持していることを表わしたものである。これにしたがえば、事例1は0・58から0・1ポイントの伸びが見られ、同様に事例2は0・74から0・77へと0・03ポイント、事例3は0・63から0・90へと0・27ポイントの伸びが認められる。なかでも事例3の0・90ポイントは、事例4の大学生の0・87ポイントを、0・03ポイント上回る結果を示している。

事例1・2・3といずれもタイムの伸びが見られるが、大幅にタイムが短縮した事例は事例1と事例3である。事例1では6・98秒から6・20秒へと0・

78秒の伸びを示し、事例3では6・81秒から6・04秒へと0・77秒の伸びを示している。三つの事例に共通していえることは、バトンパス終了時走速度と速度保持率の二つに大幅な伸びが見られるということである。なかでも特にタイムの大幅な短縮が見られた事例1と事例3では、バトンパス終了時走速度と速度保持率の二つに大幅な伸びが認められることが特徴としてあげられる。このことより、減速の少ないバトンパスができるリレーを目指すためには、受け走者のバトンパス終了時の走速度を上昇させるための手立てが必要であると考えられる。

スピード曲線にかかわり、杉田ら（2007）は、渡し走者と受け走者のバトンパス時のスピードパターン（図7）のような分析データは視覚的にすぐ確認することが可能なので大変有効であるとし、3パターンのモデルを提示している。一つ目は理想的なバトンパスであり、テークオーバーゾーンの中央付近でバトンパスが行われ、第1走者の走速度と第2走者の速度が落ち込まないモデル図である。二つ目は流れたバトンパスであり、テークオーバーゾーンの終盤付近でバトンパスが行われ、第1走者の走速度と第2走者の速度が共に落ち込むモデル図である。三つ目は詰まったバトンパスであり、第1走者の走速度が落ち込むが第2走者のテークオーバーゾーンの前半付近でバトンパスが行われ、第1走者の走速度が落ち込まないモデル図である。

この三つのモデル図にしたがえば、どの事例も理想的なバトンパスが行われていないことがわかる。しかしながら、バトンパス開始時地点を◆で表示し、バトンパス終了時地点を●で表示した傾きに着目してみると、タイムが伸びる前の試走（pre）に比べ、タイムが伸びた後の試

166

(1) 理想的なバトンパス　A　バトンパス

B　takeover zone

(2) 流れたバトンパス　A

B　takeover zone

(3) 詰まったバトンパス　A

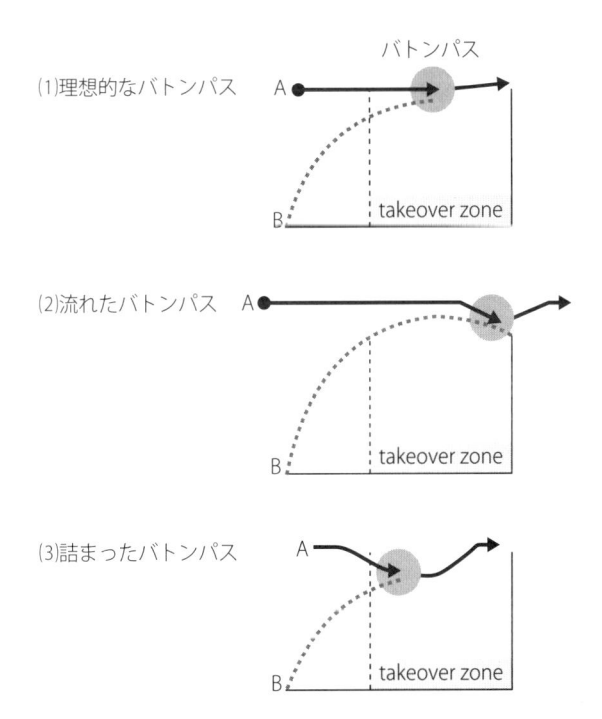

B　takeover zone

図7　渡し走者と受け走者のバトンパス時のスピードパターン
（杉田ら 2007）

走(post)の傾きが緩やかになっていることが認められ、理想的なバトンパスに近づいているものと考えられる。

次に、バトンの受け渡し区間について、タイムが伸びる前の試走(pre)とタイムが伸びた後の試走(post)の変化に着目してみると、事例1では中盤付近で行われていたものが、中盤から終盤までの区間でバトンパスが行われている。事例2では、終盤で行われていたバトンパスが前半で行われており、事例3ではそれとは反対に、中盤付近で行われていたバトンパスが終盤付近へと移行している。

ちなみに、事例3の大学生のバトンパスは終盤付近で行われている。タイムを大幅に伸ばした事例1と事例3に、大学生の事例4を加えた特徴として、終盤にバトンパスが行われていることがあげられる。これは5mという限られたテークオーバーゾーンを、前半は第2走者の加速区間として、後半はバトンパス区間として、有効に活用されていたものと推察できる。

5●学びの総合的考察

表3は、2012年現在の4×100mリレーの世界記録とアジア記録、及び四人の走者の100m記録を示したものである。4×100mリレーの世界記録を持つジャマイカの四人の選手の100mの合計タイムは38・93秒で、4×100mリレーのタイムは36・84秒である。一方、アジア記録を持つ日本の四人の選手の100mの合計タイムは40・34秒で、4×100mリレーのタイム

表3　4×100mリレーの世界記録とアジア記録

	第1走者	第2走者	第3走者	第4走者	100mの合計タイム	400mリレータイム	タイム差
世界記録[*1]（ジャマイカ）	9.78	9.88	9.69	9.58	38.93	36.84	2.09
アジア記録[*2]（日　　本）	10.09	10.03	10.2	10.02	40.34	38.03	2.31
日本とジャマイカの差	0.31	0.15	0.51	0.44	1.41	1.19	0.22

*1　世界記録（ジャマイカ）の走者は、第1走者：ネスタ・カーター、第2走者：マイケル・フレイター、第3走者：ヨハン・ブレーク、第4走者：ウサイン・ボルト（2012.8.11）。

*2　アジア記録（日本）の走者は、第1走者：塚原直貴、第2走者：末續慎吾、第3走者：髙平慎士、第4走者：朝原宣治（2007.9.1）。

表4　2×15mリレーの分析評価

	事例1 pre	事例1 post	事例2 pre	事例2 post	事例3 pre	事例3 post	事例4
タイム (sec)	6.98	6.20	6.14	6.05	6.81	6.04	5.13
	0.78 ⇧ ◎		0.09 ⇧ ○		0.77 ⇧ ◎		
バトンパス開始時走速度 (m/sec)　*A	5.28	6.21	5.11	5.09	5.27	4.80	6.03
	0.93 ⇧ ○		0.02 ⇩ ▲		0.47 ⇩ ▲		
バトンパス終了時走速度 (m/sec)　*B	3.09	4.25	3.80	3.92	3.34	4.34	5.25
	1.16 ⇧ ○		0.12 ⇧ △		1.00 ⇧ ○		
速度保持率 (*B／*A)	0.58	0.68	0.74	0.77	0.63	0.90	0.87
	0.10 ⇧ △		0.03 ⇧ △		0.27 ⇧ ◎		

は38・03秒である。日本チームはジャマイカチームに比べ、100mの合計タイムで1・41秒の開きがあるが、4×100mリレーのタイムではその差を1・19秒にまで縮めていることがわかる。これは短距離走ではその差を縮めることができないタイムを、リレーによって0・22秒短縮させていると見ることができるであろう。このことからも、リレーの中心的なおもしろさとは、テークオーバーゾーンを有効活用した利得時間を生成する点にあり、利得時間を生み出すためのわざの形成を学びの内容とすることが、真正な学びの探究といえよう。

まずは、各事例ごとに4項目について、分析評価を示すと表4のようになる。評価は4段階で行い、◎は顕著に向上したもの、○は向上したもの、△はあまり向上が見られなかったもの、▲は下降したものとした。事例1・2・3の三つとも、タイムと速度保持率が向上しているが、顕著に向上したのは事例3である。ただし、事例3は「テークオーバーゾーンのぎりぎりでバトンをもらい」と【エピソード3】にはあるが、事例3のスピード曲線（図5）によればゾーンオーバーが見られる。

タイムと速度保持率の向上の要因について、スピード曲線から見ていくと、事例1は第1走者のバトンパス開始後の減速により第2走者の加速を活かしたこと、事例2はバトンパスの方法の変化による第2走者の加速によるもの、事例3はテークオーバーゾーンの使い方の変化（前半を第2走者の加速区間として使う）によってバトンパス終了時走速度の向上によるものと考えられる。

次に、エピソード記述に基づきながら、真正な学び（authentic learning）において、どのように利得時間を生み出すためのわざが形成されていったかについて見ていきたい。

高等学校学習指導要領解説保健体育編（文部科学省2009）の「陸上運動・陸上競技の動き例」の「リレー」について、小学校5・6年では「減速の少ないバトンパスができるリレー」、中学校1・2年では「渡す合図と、スタートのタイミングを合わせたバトンパスができるリレー」、中学校3年・高校入学年次では「スピードが十分高まったところでバトンパスができるリレー」、高校その次の年次以降では「受け手と渡し手の距離を長くしてバトンパスができるリレー」と示されている。この例示によれば、本実践は小学校6学年を対象にしたものであるため、「減速の少ないバトンパスができるリレー」を行うことができればよいことになる。ところが、本研究で取り上げたエピソードからは、その教育内容を超えたところでリレーの学びが行われている様子が描き出されている。

サキコが線の少し手前まで来た瞬間、ミコはサッとゴールの方に振り向き全開で走り出した。ミコは少しサキコの方を振り向いたが、テークオーバーゾーンのギリギリでバトンをもらい、ゴールまで駆けぬけた。【エピソード3】

木の枝でダッシュする練習のときに、前日まで行っていたどちらかがスピードを〈合わせ〉てスタートするバトンパスとは全く違う感覚を感じ、そこからは両者が速度を緩めることなく全力で走って渡せるポイントを探すことにした。【エピソード4】

【エピソード3】も【エピソード4】も、第1走者のスピードに合わせて助走を始めるのではなく、二人の間で取り決められたポイントに第1走者が到達した時点で第2走者がスタートダッシュすることになっている。このことはスピード曲線にも記述されており、事例3の図5、事例4の図6のいずれも、バトンの受け渡し区間がテークオーバーゾーンの後半付近へと移動している。ここからテークオーバーゾーンの前半がバトンを落とさないように受け渡しを行う区間としてではなく、第2走者の加速区間として活用されていることがうかがえる。この動きの特徴は、中学校3年・高校入学年次で例示されている「スピードが十分高まったところでバトンパスができるリレー」に相当するものと思われる。ただし、事例3はこのことを過剰に意識しすぎたためか、ゾーンオーバーを生じてしまっている。小学校6年の教育内容を超えているということ自体は評価し、つまりはバトンパスのとらえ方自体は向上したが、テークオーバーゾーンとの調整は課題として残っていると考えられる。

私は同じグループのリコとジュンペイに実際にバトンを持たせて、二人の距離をできるだけ離し、「ギリギリ離れとった方がいいということ？」とアキオとサキに確認した。すると四人は「そういうこと」といいたそうにうなずいた。【エピソード1】

「ほな、どうしたらええん？　それ、直すには」と私がもう一度ユウガに聴くと、ユウガは「ずっと後ろを向いとくんじゃなくて、もらう寸前で前を向いて、方向が合ってるか確認してからバトンを

172

もらった方がいいと思う」といった。それを聴いたフミオは、安心した様子で「わかりました」といった。

【エピソード2】

【エピソード1】の「二人の距離をできるだけ離す」という視点は、高校その次の年次以降で例示されている「受け手と渡し手の距離を長くしてバトンパスができるリレー」にそのまま該当する。このことを示しているのが、事例1の図2のスピード曲線である。タイムの伸びが見られる前はテークオーバーゾーンの中央付近でバトンの受け渡しが行われている。タイムの伸びが見られた前はテークオーバーゾーン最終地点の17・5m地点でバトンが渡されている。このことからも受け手と渡し手の距離を長くしてバトンパスの受け渡しが始まっているが、テークオーバーゾーンの受け渡しが始まっているが、テークオーバーゾーン最終地点の17・5m地点でバトンが渡されている。このことからも受け手と渡し手の距離の保障は、両者の走速度の維持や加速につながっているものと考えられる。

同様に【エピソード2】では、後ろを向いてバトンを受け取ってから前を向いて走っていたフミオが、「もらう寸前で前を向く」というアドバイスをユウガからもらっている。これを実施することにより、図4のpost第2走者の速度が大きく伸びていることがわかる。このことはフミオがバトンを受け取ってから前を向いて走り始めていたため、受け手と渡し手の距離が詰まったバトンパスが行われていたものと考えられる。しかし、フミオがバトンをもらう寸前で前を向いて走り始めたことにより、結果として二人の受け渡し区間が広がったものと思われる。この出来事も【エピソード1】と同様に、高校その次の年次以降の例示として掲げられている「受け手と渡し手の距離を長くしてバトンパスが

以上のように、【エピソード3】で形成されていたわざは、中学校3年・高校入学年次で例示されている「スピードが十分高まったところでバトンパスができるリレー」に相当するものであり、【エピソード1】と【エピソード2】で形成されていたわざは、高校その次の年次以降の例示として掲げられている「受け手と渡し手の距離を長くしてバトンパスができるリレー」に相当するものであった。この事実は、学び手である子どもたちに直接、この動きを伝達・指導をしてきたわけではなく、リレーの中心的なおもしろさを「前走者の速さをつなぐこと」と明確に設定し、二つの課題設定を行うという環境のデザインによってもたらされたものである。そして、子どもたちは、仲間や教師と対話をしながら課題を探究するプロセスにおいて、その学年の教育内容を超え、中学校3年以降の動きに取り組んでいった。

このことから、わざの形成のためには、その学年の教育内容の範囲内に留めることなく、その学年を超えた範囲を対象とすることにより、高い質の学びが担保されることといえるであろう。すなわち、「前走者の速さをつなぐ」というリレーの中心的なおもしろさに迫るためには、当該学年の教育内容を基盤としながら、その範囲は当該学年を超えるところに設定し、その領域（範囲）の中に学びをデザインすることが重要となる。

できるリレー」に相当するものと思われる。

174

6 ● おわりに

本章では、質的側面と量的側面の両方からの「運動の記述」を試みることで、「運動の中心的なおもしろさ（文化的な価値）の中心」に迫る「真正な学び（authentic learning）」が生成する過程について解明することが目的であった。岡野・山本（2012）が提出した「体育における対話的学び」のデザインの視点とその手順に基づきながら、小学校6学年の短距離走・リレー（2×15mリレー）の学びをデザイン・実践したところ、子どもたちから形成的授業評価において極めて高い評価を得ることができた。その内実を探るために、四つの事例を取り上げ、質的側面からはエピソード記述、量的側面からはDLT法による分析をした結果、「前走者の速さをつなぐ」というリレーの中心的なおもしろさに迫るためには、当該学年の教育内容を基盤としながら、その範囲は当該学年を超えるところに設定し、その領域（範囲）の中に学びをデザインすることが重要となることが明らかにされた。

〈岡野 昇〉

〈注及び引用・参考文献〉

＊1 本章では、生田（1987）の述べる「わざ」と同義として用いる。生田は、「わざ」という概念は単に身体技術あるいはそれを個人の能力として立体化した身体技能としての『技』に狭く限定しているわけではなく、そうした『技』を基本として成り立っているまとまりのある身体活動において目指すべき『対象』全体を指している。こうした『わざ』が一義的な技術あるいは技能として捉えられるのを避けるために、あえて『技』ではなく『わざ』という

表5 形成的授業評価質問票

```
                              月   日   名前

☆今日の授業について、当てはまるものに○をつけましょう。

1. 心に残ることや、感動することがありましたか。
                              （はい・どちらでもない・いいえ）
2. できなかったこと（運動や作戦）ができるようになりましたか。
                              （はい・どちらでもない・いいえ）
3. 「あ！わかった」「あ！そうか」と思ったことがありましたか。
                              （はい・どちらでもない・いいえ）
4. 全力で運動することができましたか。　（はい・どちらでもない・いいえ）
5. 楽しかったですか。　　　　　　　　　（はい・どちらでもない・いいえ）
6. 自分から進んで学習することができましたか。
                              （はい・どちらでもない・いいえ）
7. 自分のめあてに向かって何回も練習できましたか。
                              （はい・どちらでもない・いいえ）
8. 友だちと協力して学習できましたか。（はい・どちらでもない・いいえ）
9. 友だちとお互いに教え合ったり、助け合ったりしましたか。
                              （はい・どちらでもない・いいえ）
```

表6 形成的授業評価の診断基準

次元	項目　　　　　　評定	5	4	3	2	1
成果	1. 感動の体験	3.00〜2.62	2.61〜2.29	2.28〜1.90	1.89〜1.57	1.56〜1.00
	2. 技能の伸び	3.00〜2.82	2.81〜2.54	2.53〜2.21	2.20〜1.93	1.92〜1.00
	3. 新しい発見	3.00〜2.85	2.84〜2.59	2.58〜2.28	2.27〜2.02	2.01〜1.00
	次元の評価	3.00〜2.70	2.69〜2.45	2.44〜2.15	2.14〜1.91	1.90〜1.00
意欲・関心	4. 精一杯の運動	3.00	2.99〜2.80	2.79〜2.56	2.55〜2.37	2.36〜1.00
	5. 楽しさの体験	3.00	2.99〜2.85	2.84〜2.60	2.59〜2.39	2.38〜1.00
	次元の評価	3.00	2.99〜2.81	2.80〜2.59	2.58〜2.41	2.40〜1.00
学び方	6. 自主的学習	3.00〜2.77	2.76〜2.52	2.51〜2.23	2.22〜1.99	1.98〜1.00
	7. めあてをもった学習	3.00〜2.94	2.93〜2.65	2.64〜2.31	2.30〜2.03	2.02〜1.00
	次元の評価	3.00〜2.81	2.80〜2.57	2.56〜2.29	2.28〜2.05	2.04〜1.00
協力	8. なかよく学習	3.00〜2.92	2.91〜2.71	2.70〜2.46	2.45〜2.25	2.24〜1.00
	9. 協力的学習	3.00〜2.83	2.82〜2.55	2.54〜2.24	2.23〜1.97	1.96〜1.00
	次元の評価	3.00〜2.85	2.84〜2.62	2.61〜2.36	2.35〜2.13	2.12〜1.00
総合評価（総平均）		3.00〜2.77	2.76〜2.58	2.57〜2.34	2.33〜2.15	2.14〜1.00

表記を用いる」と述べている。

*2 表5が、実際の授業で用いた形成的授業評価質問票である。

*3 表6が、高橋ら（2003）が作成した形成的授業評価の診断基準である。

◎Adbel-Aziz, Y.I., & Karara, H.M.(1971) Direct linear transformation from comparator coordinates into object space co-ordinates in close-range photogrammetry. Proceedings ASP/UI Symposium on Close-Range Photogrammetry 1-18. Falls Church, VA.

◎青木　眞（1995）体育の単元計画づくり　宇土正彦監修　阪田尚彦・高橋健夫・細江文利編集　学校体育授業事典　大修館書店　147-149頁

◎深代千之・杉田正明・若山章信・杉浦雄策・小林寛道・石井好二郎・阿部匡樹・花岡　大（1998）日本代表4×100mリレーのバイオメカニクス的分析　平成10年度日本オリンピック委員会オリンピック委員会医・科学研究報告№Ⅱ　日本オリンピック委員会選手強化本部　競技種目別競技力向上に関する研究第22報　財団法人日本オリンピック委員会選手強化本部　181-183頁

◎狭間俊吾・原　通範（2013）教師も子どもともに「わかって」「できる」体育授業のあり方―5年生のシンクロマットの実践から―　和歌山大学教育学部紀要教育科学63　83-92頁

◎広川龍太郎・松尾彰文・杉田正明（2009）男子ナショナルチーム・4×100mリレーのバイオメカニクスサポート報告　陸上競技研究紀要5　67-70頁

◎広川龍太郎・松尾彰文・柳谷登志雄・持田　尚・森丘保典・松林武生・貴嶋孝太・山本真帆・高橋恭平・渡辺佳佑・綿谷貴志・杉田正明・苅部俊二（2012）男子ナショナルチーム・4×100mリレーのバイオメカニクスサポート報告（第2報）陸上競技研究紀要8　35-38頁

◎池上康男（1983）写真撮影による運動の3次元的解析法　Japanese Journal of Sports Science 2（3）163‐170頁

◎生田久美子（1987）コレクション認知科学6　「わざ」から知る　東京大学出版会　8頁

◎加納岳拓・岡野 昇（2011）「学び」を深めるペアサッカーの実践　体育科教育59（11）44‐48頁

◎加納岳拓・岡野 昇（2013）跳び箱運動における協同的学びに関する実践的研究　三重大学教育学部研究紀要教育科学64　287‐296頁

◎鯨岡 峻（2005）エピソード記述入門 実践と質的研究のために―　東京大学出版会

◎松尾彰文・杉浦雄策・阿江通良・小林寛道（1994）日本代表4×100mリレーのバイオメカニクス的分析　平成6年度日本オリンピック委員会医・科学研究報告No.Ⅱ　競技種目別競技力向上に関する研究第18報　財団法人日本オリンピック委員会選手強化本部　241‐244頁

◎文部科学省（2009）陸上運動・陸上競技の動き例　高等学校学習指導要領解説　保健体育編　体育編　東山書房48頁

◎岡野 昇（2011）体育における「学び」の探求の移り変わり　体育科教育59（6）14‐17頁

◎岡野 昇・谷 理恵・伊藤茂子・佐藤 学（2011）体育における「学び」の三位一体　体育科教育59（6）32‐36頁

◎岡野 昇・山本裕二（2012）関係論的アプローチによる体育の授業デザイン　学校教育研究27　80‐92頁

◎佐藤 学（1995）学びの対話的実践へ　佐伯 胖・藤田英典・佐藤 学編　学びへの誘い　東京大学出版会72‐81頁

◎佐藤 学（2012）学校を改革する―学びの共同体の構想と実践　岩波ブックレット　岩波書店

◎杉田正明・広川龍太郎・松尾彰文・川本和久・高野　進・阿江通良（2007）4×100m、4×400mリレーについて—日本チームの挑戦—　陸上競技学会誌6　21-26頁
◎高橋健夫・長谷川悦示・刈谷三郎（1994）体育授業の「形成的評価法」作成の試み：子どもの授業評価の構造に着目して　体育学研究39　29-37頁
◎高橋健夫・長谷川悦示・浦井孝雄（2003）体育授業を形成的に評価する　高橋健夫編著　体育授業を観察評価する—授業改善のためのオーセンティック・アセスメント　明和出版　12-15頁
◎柳瀬慶子・岡野　昇・伊藤暢浩・矢戸幹也・加納岳拓・内田めぐみ（2012）表現運動における協同的な学びに関する研究　三重大学教育実践総合センター紀要32　51-56頁
◎柳瀬慶子（2012）「走の運動遊び」における協同的な学びに関する実践的研究　高田短期大学紀要30　159-167頁
◎矢戸幹也・岡野　昇（2012）体育における協同的な学びに関する実践的研究—小学校5年生の短距離走・リレーを対象にして—　三重大学教育学部研究紀要教育科学63　231-237頁

第3章 体育における「聴き合い」としての学び
——ボール運動・ゴール型の実践から

1●はじめに

「体育の授業に話し合いは必要か」と、学校現場の先生方から訊かれることが少なくない。こうした質問は、おおよそ次のような背景をもっている。一つ目は「トレーニングからラーニングへ」という体育の授業構造の転換論から派生したもの、二つ目は学習指導要領の改訂に伴う「言語活動の充実」から派生したもの、そして三つ目に対話的実践を基本に据える「学びの共同体」づくりの授業改革の取り組みから派生したものである。いずれも授業者としてよりよい授業を展開したいという切実な思いは伝わってくるが、果たしてこの質問は、授業を改革するための「問い」として成立するのだろう

か。

それは、「体育の授業に話し合いは必要か」という質問には違和感を覚えないのに、「国語の授業に話し合いは必要か」という質問には違和感を覚えてしまうからである。これは、「体育＝非言語活動（身体活動）」であり、「国語＝言語活動」という図式が、知らず知らずのうちに私たちに染みついていることを物語っているように思われる。故に、「非言語活動としての体育の授業に、言語活動は必要か否か（二項対立関係）」や「非言語活動としての体育の授業に、どのように言語活動を取り入れるか（目的―手段関係）」という質問設定に陥り、単に「運動量」の確保に走る授業や授業の「はじめ・なか・おわり」に必ず話し合いを取り入れたり、学習カードに記入させたことを発表させる授業など、表層的に改良された授業実践につながっていくのではないだろうか。

また、「話し合い」ということばにも細心の注意を払いたい。「相手が聴いていようが聴くまいがそれにはおかまいなしに話す」という語源をもつ「ハナス（放す・話す）」（吉田1980）では、自己を「表出する」だけに過ぎず、自己を「表現する」ことにはならない。「聞き手と一体となって不即不離の状態を維持していこうとする」（大内2002）、「語る―聴く」の相互的関係の重要性や「聴き合う」関係を丁寧に築いていくことの大切さを再認識しておきたいのである。

このような問題意識から本章では、体育における具体的な「聴き合う」関係づくりをどのように進め、言語活動と非言語活動の往還による体育の学びをどのようにデザインするか提示してみたい。

2 ● 「聴き合い」としての学び

現在、国内外において「学びの共同体」づくりの改革を展開している佐藤学は、日本の小学校の教室の特徴は「騒々しさ（発言の過剰）」にあり、中学校と高校の教室の特徴は「沈黙（発言の拒絶）」にあるとし、その現象の要因をいつわりの「主体性」を追求する授業における形式主義の問題を要因に掲げ、求めるべきは「よく発言する教室」なのではなく、「よく聴き合う教室」が、発言をとおして多様な思考や感情を交流し合える教室になる（佐藤2000）と述べている。また、哲学者の鷲田清一は、〈聴く〉というのは、なにもしないで耳を傾けるという単純に受動的な行為ではない。それは語る側からすれば、ことばを受けとめてもらった出来事である」（鷲田1999）と、あえて〈聴く〉力にこだわる。

佐藤が述べる日本の教室における「騒々しさ（発言の過剰）」と「沈黙（発言の拒絶）」とは、話を聴かない子どもたちの問題であり、子どもたちが話をたしかに「聴いてもらった」体験のないことの現れであり、すなわち鷲田が述べる「ことばを受けとめてもらったという、たしかな出来事」にひらかれた学びを保障してこなかった私たち教師の問題として引き受けなければならないだろう。

こうした反省に立った教室では、「同じです／違います」や「もう一度大きな声で言ってください」などという大合唱は消滅しているし、「発表している友だちにおへそを向けて聞きましょう」や「友だちの発表にうなずきながら聞きましょう」という形式的な聞き方の指導も行われていない。そこに

は、わからない子どもが「ねえ、ここどうするの」と隣の子に尋ねる習慣が形成されており、やわらかな声（発言、つぶやき、生まれかけのことばなど）、すなわち言語と非言語の〈交わり〉を基盤とする対話的実践が築かれている。そして、学びに不必要なもの（教卓、板書／ノート、教師に向かっての発表／報告、講義型の机配置、正解など）はすべて取り除かれている。

3●体育における「聴き合い」としての学び

ここで浮き彫りにされるのが、体育館や運動場で行う体育の授業において、あるいは非言語活動（身体活動）が中心となる体育授業においても、「聴き合い」としての学び——すなわち、言語活動と非言語活動の往還による対話的実践——をデザインできるかという「問い」である。

この問いに迫るために佐伯胖が提案する「共に」という中で見る「横並びのまなざし」という視点は示唆的である（図1）。佐伯（2007）によれば、子どもを「見る」というとき、個人能力還元主義的にとらわれて、その子どもにはどういう能力や性質があるかを推測しようとする「観察するようなざし」や、こちらの要求を前面に出し、子どもの方もその期待に応えようとする「向かい合うまなざし」という形で関わる他者は、三人称的存在なのだという。「横並びのまなざし」は一人称的他者として関わり、「共同注意（joint attention）」という関係をつくり、そこから学ぶべきことを真に身

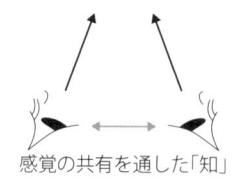

図2 体育における二人称的世界づくり

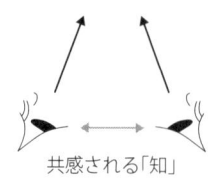

図1 子どもを見るまなざし（佐伯2007）

〈体育におけるペア学習〉
運動の中心的なおもしろさ

感覚の共有を通した「知」

〈横並びのまなざし〉
文化的価値の世界

共感される「知」

につけること（ヴィゴツキーのいう収奪〈appropriation〉）が生まれるという。

　この考え方を体育に引き寄せてみると「私とあなた」の二人称的関係を起点とする運動の世界づくりが重要となってくる。村田芳子らが展開するダンス教育では、早くからこの二人称的世界としての授業づくり——つまり、感覚を共有するペア学習——が進められてきたように思われる。たとえば具体的実践として、新聞紙になる即興表現（写真1）、スポーツシーンのデフォルメ（写真2）、かけあいとくずしによるリズムダンス（写真3・4）、などがある。

　私たちもこれに倣いながら、表現運動領域（写真1〜4は、三重大学教育学部専門教育「小学校専門体育Ⅰ」（山本俊彦・岡野昇担当）で撮影されたものである）や体ほぐしの運動で実践し、他の運動領域においても実践を展開中である。たとえば、「短

写真2　　　　　　　　　　　写真1

写真4　　　　　　　　　　　写真3

写真6　　　　　　　　　　　写真5

距離走・リレー（スピードリレー）においては、ペアそれぞれの20mのタイムの合計タイムを導き出し、2×20mリレーでその合計タイムを縮めることを目指す活動があげられる（写真5）。発展的な課題としては、「走る順番を入れ替える、ペアをシャッフルする、ペアを組み合わせ4人組にする、走る距離を変える」などがある。また、「ハードル走（シンクロリズム走）」においては、ペアで手をつなぎ一定のリズム（3歩・5歩）を保ちながら、段ボールを走り越えることができるかという課題を設定し取り組む（写真6）。発展的な課題としては、「つないでいる手を離す、ペアをシャッフルする、段ボールの高さを変える」などがある。

さらには、ボール運動領域（ゴール型）の「サッカー（ペアサッカー）」においては、サッカーの技能が高い子と低い子がペアとなり、3ペアを1チームとしたゲームを行う。ゲームⅠでは、ペアが手をつないでゲームに出場し、技能が低い子のみがボールを触ることができ、ゲームⅡでは、技能が低い子のみがゲームに出場し、技能が高い子はコート外から相棒に指示を出す。そして、ゲームⅢでは、技能が高い子のみがゲームに出場し、技能が低い子はコート外から相棒のプレーを観察する。

これについては、小学校第5学年を対象に授業実践を行ったので、次節から詳しく見ていきたい。

（岡野　昇）

4●「学び」を深めるペアサッカーの授業デザイン

 一般にサッカーは、主に足でボールを扱い、チーム対チームで攻守が入り交じったコート内で、直接相手と対峙しながら、「得点を競う」ことがおもしろいゴール型の運動と認識されることが多い。
 しかし、本実践では、サッカーの中心的なおもしろさを、ゴールまでボールを「運ぶ──運ばせない」ことにあるととらえ、シュート局面に至るまでの攻防のおもしろさを子どもたちが味わえるように、ペアによる活動を導入し、授業を構想した。
 事前に、クラス（男子20名、女子17名）をサッカーの技能で二つに分け（技能が高い子＝白、技能が低い子＝赤）、白と赤でペアを組み、3ペアを1チームとした。また、課題を「相手より先に2点取ることができるかな」とし、ゲームを行った。ゲームのルールは、「①ゲーム時間は2分。②相手のチームよりも先に2点を取ったら勝ち。③2分の間にどちらも2点を取ることができなかったら、2分終了時の得点で勝ち負けを判断する。④点が入ったら、点を入れられたチームから再スタートする」の四つとした。
 ゲームは、次の三つのペア活動を用意し、第1時では「ゲームⅠ→ゲームⅠ→ゲームⅡ→ゲームⅡ→ゲームⅢ」、第2時では「ゲームⅠ→ゲームⅡ→ゲームⅢ→ゲームⅡ→ゲームⅢ」と展開した。

5 ● 授業の実際 ── 言語活動に視点を当てて

本章では、授業中の子どもの言語活動に視点を当てたエピソードを踏まえ、体育における言語活動の意味について考えていきたい。

なお、エピソードに登場するカタカナ表記の子どもの名前はすべて仮名であり、エピソード内のチームとペア関係は、表1の通りである。

【エピソード1】目の前のゲームの様子から出発する言語

第1時のゲーム1でチーム3とチーム4が対戦しているとき、6ペアの内の5ペアがボールに群がって蹴り合いをしている中、コウジとアズサのペアだけが3mほど離れていた。その様子を見ていたチーム2のナオトが、「コウジ、離れた位置でボールもらおうとしとるけど、絶対こやんで（こないよ）」と隣にいたサオリにぼそっといった。また、その後のゲームⅡで、シンジが「逆サイド、逆サイド」とペアのサキコに声をかけていることもナオトは耳にしていた。その一方、チーム1とチーム2が対戦したゲームⅡで、ナオトはボールの近くにいるペアのサオリに向かって「取れる、取れる」「行け、行け」という声をかけたり、ナオト自身もゲームⅢではボールにどんどん向かうという姿が見られた。

第2時のチーム1とチーム2のゲームⅠで、ナオトは始まりの合図とともにこれまで同様に、サオ

表1　チームとペア関係

チーム	ペア（白）	ペア（赤）	チーム	ペア（白）	ペア（赤）
1	ヨシノリ （略） （略）	リサ （略） （略）	2	ナオト （略） （略）	サオリ ハルミ （略）
3	シンジ アヤカ ショウ	サキコ コウタ アユミ	4	コウジ ヨウスケ アツシ	アズサ トモミ ジュン
5	（略）	（略）	6	（略）	（略）

リを引っ張るようにボールに一直線に向かっていった。しかし、相手のヨシノリとリサのペアが先にボールへ追いつき、リサが思い切ってボールを蹴ると、ナオトのチームの3ペアすべてがボールに向かっていたため、コロコロとボールが転がってゴールに入ってしまった。

この後から、ナオトは自分のゴールの前にいる時間が増え、ゲームの様子を見ながらチャンスのときに攻めるというように、サオリを誘導していた。また、チーム1とチーム2が対戦するゲーム=1の前には、ゲームの準備をするサオリとハルミに向かって、「始まったら、どっちか行って。ハルミかサオリ。ボールにどっちか当たって、どっちかが一旦守って。最初だけでいいから。最初だけでいいから」と大きく声をかけた。

ナオトは、サッカーが得意で、リッカーのゲーム

ではボールを持たないときの動きが大切であることを認識している。しかし、第1時において、サオリの誘導の様子やコート外からの声のかけ方は、できるだけボールに触れさせようと意図している。

これは、いま行われているゲームが、チームでボールを「運ぶ」ということよりも、ゲームに参加しているペアのほとんどが、他のペアよりも早くボールに「追いつく」ことや、攻める方に向かってボールを「蹴る」という様子から判断したものであると考えられる。だからこそ、同じようにサッカーが得意なコウジが、ボールから離れて待っていても「コウジ、離れた位置でボールもらおうとしとるけど、絶対こやんで」ということばが出たり、サッカーを習っているシンジがサキコに「逆サイド、逆サイド」と指示している中で「行け、行け」とサオリに声をかけたりしていたのだろう。

そこから、少しずつナオトのゲームに対する参加方法や声の質に変化が出てくる。それは、相手チームのリサにゲームがスタートしてすぐに決められた1点をきっかけに、ボールを「追う」だけではなく、「どこにボールがくるのか」を考えることの必要性を感じたからであろう。また、第2時のゲームⅢでサオリとハルミに向かってナオトがいった「最初だけでいいから。最初だけでいいから」ということばは、あまりサッカーが得意ではないサオリやハルミが、ゲームの中で注意できそうな部分だけを伝えている。これは、ゲームの様子の変化だけではなく、ゲームに参加しているメンバーの能力も考えられている。

以上のように、ナオトのことばかけは、ゲームの様子とゲームに参加しているメンバーの能力を常に出発点としている。確かに、サッカーのゲームの中で、ボールを離れてもらったり、空いているス

ペースを意識したりすることは大切といわれている。しかし、得意な子が一般的に大切とされる知識を不得意な子に伝えても、単なる情報として留まってしまう。ゲームに参加する子にとって意味のある言語となるためには、知っている知識を発信すること以上に、いまのゲームが「ボールを追いかける」「攻撃方向をねらって蹴る」「ボールを運ぶ」のどの局面が中心に展開されているかを感じ取ることが必要になってくる。ナオトのように、ゲーム状況を感じることが、サッカーの本質に迫る言語の質的変化として現れるのであろう。

【エピソード2】 運動の認識の変化としてとらえる言語

アズサとコウジのペアは、第1時のゲームで、どのペアもボールに群がる中、いつも少し離れた位置に立ってボールを待っていた。しかし、ほとんどボールに触れることができないまま、ゲーム終了の合図が鳴るとアズサはどこか満足いかない様子でコートの外に出て行った。

ゲームⅢになり、ペアのコウジがいなくなるとアズサは、ボールを追いかけるようになった。一生懸命にボールを追いかけるが、あちこちに行くボールについていけず、ボールの後ろを追いかけるという姿が多々見られた。また、同じチームのジュンがボールを触っていても、すぐ近くでボールを触ろうともしていた。

第2時の1回目のゲームⅢでは、コウジ・ヨウスケ・アツシの三人がコートを広く使い、一人がボールを触っているとすっと他の二人が離れ、離れている二人のどちらかにパスをしながら攻めるという

場面が見られ始めた。この様子を見て、私が「前の時間よりもみんな離れ始めたな」とコートの外で見ている子たちに向かって声をかけた。

2回目のゲームⅡになると、アズサは少しずつボールから距離をとるようになった。基本的にはボールに向かって走り回っているが、ふと思い出したかのようにボールに群がっている輪から少し離れ、じっと待つ様子が見られ始めた。ゲーム終了15秒前、コートの中央で味方のトモミとジュンが、相手チームのコウタとボールを奪い合っている中、アズサはゴールの方へ走って行った。すると、奪い合っていたボールが、アズサの方に転がり、一人フリーでいたアズサは、ゴールに向かって丁寧にボールを蹴り、点が入った。

授業の最後に、私が「アズサやったな。ゴール、凄いやん」と声をかけると、「だって白の試合を見とったら、みんな広がっとったもん。それで離れておったらボールがきたからさ」と話し、私が「試合見とってわかったん」と聴くと、「うん。そう」と笑顔でこたえた。

コウジとアズサのペアは、第1時のゲームⅠから、みんなが群がっているところには向かわず、常に集団から離れた位置で待ち構えていた。コウジはサッカーが得意であり、離れた位置でボールを待つことのよさを理解しているため、アズサを離れた位置に誘導したのであろう。しかし、アズサはゲームの2分の間、ほとんどボールに触れられず終わってしまうことに対して理解ができず、あまり納得していない様子であった。ゲームⅡでアズサがボールを常に追いかけ、チームメイトのジュンがボー

192

ルを持っていてもボールに近寄っていったことからも、ゲームⅠで行っていたボールから離れている意味が理解できていないと考えられる。

このような様子だったアズサが、第2時の2回目のゲームⅡで、点を入れた後に、「だって白（ゲームⅢ）の試合を見とったら、みんな広がっとったもん。それで離れておったらボールがきたからさ」と嬉しそうに話している。これは、ゲームⅢを外から見ている間に、「2点を先に取る」よい方法として、これまでアズサが行っていたボールを追いかけることだけではなく、チームの子がボールにかかわっているときには、離れてボールを待つことに気がついたからであろう。

点を入れたことに対して振り返っているアズサの姿は、「ボールを持たないときの動き」という技術について話しているだけにとどまらず、サッカーが「個人がボールを蹴って点を取る運動」という認識から「チームでボールを運んで点を取る運動」へと認識が変化したことを意味しているものと考えられる。

【エピソード3】ゲームに対する認識の違いとして現れる言語

第1時のゲームⅡで、チーム3のサキコ・コウタ・アユミの三人がゲームをしている中、それぞれのペアのシンジ・アヤカ・ショウの三人は、ゲームが始まったときに、なかなかペアの子に声をかけることができなかった。私が「外が静かやな」と投げかけると、ショウは「アユミ行けー、行けー」と声を出し、アヤカは「なんていったらいいの」と難しそうな顔を浮かべ、シンジは静かに「逆サイ

ド、逆サイド」と声をかけた。

そして、チーム3が相手に点を入れられ、コウタが自分のゴールから再スタートをしようとしたとき、どこに蹴ったらよいのか迷い、なかなか蹴り出すことができなかった。このとき、アユミが相手から少し離れた位置にいることを見つけたアヤカは「アユミ、アユミ、アユミ」とコウタに声をかけ、一方のショウは「適当に飛ばせー」と大きな声で叫んだ。

シンジ・アヤカ・ショウは、ペアの子に対してどのように声をかけたらよいのか戸惑っていた。そんな中、チーム3が点を決められゲームが一度止まることとなる。攻守が入り交じり、刻々と状況が変化するゲームの中では、なかなか想いをことばにすることができなかったり、ペアの子を応援することばをかけたりしているが、止まっている状況でどのようなことばをかけたらよいのかを考える時間ができたのである。

困っているコウタに対して、アヤカからは「アユミ、アユミ、アユミ」とボールを渡す対象をはっきりと示した声がかけられ、ショウからは単純にボールをゴールに近づけることを意味する「適当に飛ばせー」という声が飛んだ。

このことばから、アヤカはサッカーが「チームでボールをゴールまで近づける運動」であるという認識であり、ショウの声からは「個人の蹴る力でボールをゴールまで近づける運動」であるという認識、あるいは、具体的にチームとしてどのようにボールを運んだらよいのかが理解されていないと考

えられる。このように、同じゲームを目の前にしていても、サッカーに対する認識の違いが言語として現れてくることが浮き彫りにされた。

（加納岳拓）

6 ● 授業の省察

体育における言語活動は、道徳的な話し合いや仲間づくりとして、形式的な話し合い活動として位置づくのではなく、運動の中心的なおもしろさを探究するための一つの活動として認識される必要があろう。本実践では、サッカーのおもしろさにせまる言語活動として、教師が持つべき視点として次のことが考えられる。

はじめに、子どものことばを部分的な技術のこととしてとらえるのではなく、運動の中心的なおもしろさと常に結びつけることである。このとき、「子どもがどのように目の前の運動をとらえているのか」「サッカーの認識がどのように変化したのか」ということを中心に子どものことばを聴くということが必要となってくる。

また、子どもたちの運動認識をさらに深めるためには、ゲームに対する認識の違いや【エピソード3】のアヤカの「なんていったらいいの」という「困り感」をもとに、子どもたちの運動認識を擦り合わせていくことが重要になってくる。たとえば、【エピソード3】の場面では、アヤカとショウの

二人のことばを全体の場で取り上げ、二人のことばの意図を聴きながら、どのような声が、そのゲーム状況において相応しいのかを考えるという活動である。このような活動を入れながら、子どもたちが「(チームでボールを)運ぶ―運ばせない」というサッカーの学びの質を深めていくことが求められよう。

さらには、これまでのサッカーの授業では、ゲームに出場していない子どもに対して、応援・観戦することを重視する傾向があり、結果（勝敗）に注目するサポーターとして位置づいていたように思われる。しかし、本実践では、子どもたちのことばの質を問うことを大切にした。これはゲームに出場していない子どもを、共にゲームに参加させ、おもしろさを共有するパートナーとして位置づけることを意味し、学びの探究が期待される活動と考えられる。

（岡野　昇）

7●授業者の振り返り

本実践はサッカーの中心的なおもしろさを味わえるように異質なペア活動を基本としたゲームを設定し、どのような姿が「聴き合う」姿になるのかということを頭に置きながら授業を展開した。
子どもたちの声に耳を傾けると、ゲームに出場している子に対して同じように声をかけているよう

196

でも、子どもたちのことばが実に多様であることに気づかされた。サッカーの知識をそのままことばにしている子、一生懸命応援をしている子、どうにか出場している子に合った方法を伝えたいという子、などである。サッカーの中心的なおもしろさという視点を持ち、授業での子どもたちのことばを聴くことで、子どもたちがサッカーという運動をどのようにとらえているのかということをつかむことができた。

ペアの中で、かかわりの変化が見られ、結果としてゴールを決めて喜ぶというとてもよい姿が見られた一方で、2時間の間に変化が見られないペアが見られたのも事実である。それは、相手が発していることばが理解できなかったり、意味をなしていなかったりしていたからである。このようなときに、子どもたちの運動認識をつなぎ、擦り合わせを行いたいと思っても、どの場面で、どのように行えばよいのかに困った。サッカーが「チーム」を基本としていること、ゲーム状況が常に変化するために、共有する場面が取り上げにくいことが、いつ子どもたちに働きかけるのかを迷わせた。一般的な技術や戦術を伝えるだけでなく、子どもたちがどのようにゲームをとらえ、わからないことや困っていることをつかんだ後に、授業者としてどのように対応するのかという点が課題として残った。

（加納岳拓）

8 ● 体育における「聴き合い」としての学びのデザインの視点

こうした二人称的関係を起点とするペア学習の実践を踏まえて、体育における「聴き合い」としての学びのデザインの視点を提示してみたい。

まず、第1に、「運動の中心的なおもしろさ」へと向かうペア学習を組織することである。安易にペアの活動を取り入れれば二人称的世界がひらかれるわけではなく、それが「文化的価値の世界」へと誘うものでなければならない。先人が運動してきたコンテクストに着目し、「その運動行為の価値（よさ）＝運動の中心的なおもしろさ」を「ペアで聴く」という活動が重要となる。実践例であげたリレーでいえば「バトンをつなぐことではなく、前走者のスピードをつなぐこと」、ハードル走でいえば「障害物を跳び越しながら走ることではなく、リズミカルに走り越えること」、サッカーでいえば「点取り合戦ではなく、陣取り合戦である」という真に学ぶべきことを導き出すことである。これなしには、道徳主義的な「協同的な学び (cooperative learning)」となってしまい、文化的価値を共有しようとする「協力学習 (collaborative learning)」からは遠ざかってしまう。

第2に、原則として技能が異なる者どうしでペアを組むことである。これは理想的には、誰と組んでも、あるいは偶発的なペアでもかまわないが、このスタイルに馴染んでいない学習集団においては、困難を伴うことが多い。異質なペア活動でねらうことは、「問題（擦れ違い）」を発生させることにあり、その問題を「共有（擦り合わせ）」させることにある。換言すれば、かかわることに意味がある

のではなく、かかわることによって生じるズレから意味が生まれるということである。同質なペア関係では、この状況が生起しにくく、活動の飽和状態や停滞状態が生じやすい。ペアサッカーにおける異質なペア関係は、技能が低い子においては、技能の高い子の文化的価値の見方や感じ方を「聴くこと」によって文化的価値へと誘ってもらい、技能が高い子においては技能の低い子のつまずき（わからなさ）を「聴くこと」によって自らがもつ文化的価値のわかり直しを図るという、互恵的な学びを目指すものである。

（岡野　昇）

〈引用・参考文献〉
◎大内善一（2002）授業における相互交流の深化　無藤隆ほか編　学びを育てる授業デザイン　ぎょうせい
◎佐伯胖（2007）共感　ミネルヴァ書房
◎佐藤学（2000）授業を変える学校が変わる　小学館
◎鷲田清一（1999）「聴く」ことの力　TBSブリタニカ
◎吉田金彦（1980）話すことと語ること　国文学解釈と鑑賞　至文堂

第4章 体育におけるエピソード記述の描き方
——出来事で学びをリフレクションする

1 ● はじめに

学校現場で、授業の質の向上が叫ばれるようになって久しい。「学びの共同体」による学校改革を全国的に進めている佐藤（2012）は、授業の質の向上のために、授業研究の中での授業のリフレクションの重要性を説いている。これまでの「仮説―検証」型の研究から脱し、授業で起きている事実を省察し考察して自分自身の学びに専念することが、専門家として成熟した教師の授業研究であると述べている。

一方、体育学習の授業研究に目を向けてみると、これまで量的な運動分析や授業の形成的評価（高

200

橋ら1994)、学習カードの分析（中村ら1995）が中心に行われてきた。これらの方法は、内的な経験の個性や全体性が数量的・統計的データに埋没してしまう恐れ（鈴木2000）があるという反省に立ち、質的な立場から、世界の個別性や一回性をありのまま受け取るような身構えによる省察の方法が注目されてきている（北野ら2013）。

このような動きの中で、質的な研究アプローチの一つである「エピソード記述」（鯨岡2005）が、人が生きる様々な現場の中で行われている。エピソード記述は、客観的事実から一般的法則や知識をとらえようとする行動観察とは一線を画している。観察者が没個性的となるのではなく、一人の主体として現場で生きている観察者が、エピソードとして提示する「地」を明確に持ち、その背景に基づきながらある出来事を「図として」観察し、記述することが特徴である。また、鯨岡は、エピソード記述の方法や評価、そして、エピソード記述に臨む際の悩みを挙げながら、錬成に向けた視点を提示している。

エピソード記述を用いた研究は、教育の場では特に保育で広がりを見せている。なぜなら、エピソード記述が、保育における自らの問題意識の明確化や子ども理解の枠組みの変容への気づきにおいて有効であり（岡花2010）、エピソードを書き出すことで「させる保育」「一斉的な保育」から共感的・応答的な「共に育つ保育」「関係の見える保育」の流れを作り出す保育への一助となる方法だからである（田尻・西口2013）。

これらの知見は、エピソード記述が単なる文章作成技法ではなく、エピソードを記述したり、読み

手と共有したりすることによって、自らの保育観、教育観を見つめ直すことができ、子どもの現状の見取りや育ちの評価、保育者の対応という「保育の質」（鯨岡2009）そのものに関係することを指している。換言すると、エピソード記述の質を向上させることが、関与の質の向上にもつながっていくということである。

このように、子どもの事実から学ぶことによって、自らの関与の質を高める方法であるエピソード記述は、質的研究が求められている体育の授業研究においても価値ある方法といえよう。実際に、エピソード記述の理論的背景や方法に基づいた授業研究のリフレクションによって、体育学習の中での学びの過程を描いた研究が見られている（岡野・山本2012、柳瀬2012、矢戸・岡野2012、加納・岡野2013、岡野ら2013、加納ら2014、加納・岡野2014）。しかし、体育においてエピソード記述の質を高める方法についての研究は見当たらない。

本章では、エピソード記述を描くときに陥りやすい点を事例から取り上げ、体育でエピソード記述に臨む際に、記述の質を高めるための視点を提示していく。また視点の提示のために以下の方法でアプローチする。

第1に鯨岡（2005）をもとに、エピソード記述の理論的背景、方法についての概略を示す。第2に現在、体育で行われている研究の手法の課題を述べ、体育の授業研究におけるエピソード記述の価値を提示する。第3にエピソード記述が描けない悩みを列挙し、その根幹について述べる。第4に小学校第6学年を対象に行ったリレーの実践でのエピソード記述をもとに、陥りがちな事例を示す。

第5に事例をもとに、体育においてエピソード記述の質を高めるための視点を提示する。

2 ●エピソード記述とは何か

エピソード記述とは、人の生き様を生き生きと描き出したい、そこから事象に対する理解を深め、よりよいかかわりにつなげたいという思いから生まれた方法である。エピソード記述は、以下の3段階で評価される。

① 読み手として読んで、背景からその場面に至るまでの流れがしっかりイメージできるかどうか。
② その場面のアクチュアリティ（生動感）がその記述から読み手に把握できるか。
③ 背景となる興味・関心、あるいは理論との関係で、関与観察者の問題意識が十分につかめるか。

まず①については、行動観察と同様に出来事の流れが読み手に伝わるかどうかということであり、評価観点の②からが、行動観察と違う性格の記述方法であることを示している。

エピソード記述では、事象をあくまでも対象化して脱目的にとらえる見方だけではなく、事象の下に何かを感じる見方をする。記述する場合にも、当事者の主観を捨象し、客観的事実のみを記述するのではなく、関与している中で間主観的に把握した部分や、自分の思い、場の雰囲気を盛り込むこと、

つまり、その場のアクチュアルな様相を提示することを心がけにしている。

なぜなら、出来事の本質（意味）に迫りたいと願うときには、出来事に出会っている「人の思い」や「生き生き感」など、間主観的に感じられることも含んでとらえることで問題や視野が開かれ、現場で起きていることを透明な観察者としてとらえることは、かえって事象のあるがままから遊離してしまうと考えられているからである。描いたエピソードの状況に読み手が自分を置く中で、そこで生じていることを「あり得る」こととして納得できるという「体験の共通性」を持つことを括弧つきの「あるがまま」「客観」と表記している。

次に、行動観察との一番の大きな違いである③の評価観点について言及する。それは、出来事をカメラのように均一的に見るのではなく、エピソードとして提示する背景（地）を、観察者の興味、関心、知識、経験、理論などから明確に持ち、それをもとに、観察者がある出来事を他者の主観（心）をみながら「図として見る」、そして記述するということである。

換言すると、エピソードとして描き出されたことは、観察者が持つ子ども観、人間観、価値観、学習観そのものであり、エピソードを書き出したり、読み手と共有したりする中で、自らが持つ思考の枠組みの再構成を目指す方法なのである。

以上のように、②や③の評価観点は、読み手が「体験の共通性」を持つこと、記述者の「地」が読み手に伝わるかどうかを示しており、裏を返すと、エピソード記述する際に注意すべきことともいえる。

204

3●なぜエピソード記述なのか

授業研究は、一定の文脈から切り離し、客観的な数量的データとなるような方法（質問紙・実験）などを用いながら、一般的法則や知識をブラックボックス化し、「入力（インプット）」と「出力（アウトプット）」の相関を調べることによって「教育評価を客観的なものにして教育成果を図る」（藤岡2001）という教室の授業過程をとらえようとする量的研究が中心といえる。「過程―産出モデル」ものとして行われている。

体育の授業研究の代表的な方法として、高橋ら（1994）、高橋ら（2003）の形成的評価がある。形成的評価とは、「成果」「意欲・関心」「学び方」「協力」の4次元9項目の調査項目から成り立っている質問紙調査である。それぞれの項目のデータ処理は、質問に対して「はい」を3、「どちらでもない」を2、「いいえ」を1と数値化し、それぞれの質問項目で平均を算出するという方法である。この形成的評価によって、授業に対し子どもがどのような印象をもち、どのようにかかわっていたのかを把握することができるのである。

また別に、体育学習の中心である運動は、「力学と人体解剖学を基本」（片岡1988）とした量的な分析によって理解されてきている。身体各部の動きを詳細に分析し、「空間における運動の可能性」（マイネル：金子訳1981）を明らかにしようとするものである。導いた結果からスポーツ技術や運動効果のメカニズムを明らかにし、因果関係を正しく把握することによって、自らの運動を見つめ

205　第4章…体育におけるエピソード記述の描き方

直し、違った角度から見ることができる方法として広く行われている。

先に述べた体育や運動の研究の省察する方法は、子どもの学びの事実を省察する方法として、大きく二つの視点から不十分といわざるを得ない。一つ目は、形成的評価や自然科学による分析は、すでに確立された目的にとって最適な手段を再考するという「解決」の過程に目が向けられている方法である。これは、問題の解決の「技術的合理性」（ショーン：佐藤・秋田訳2001）が強調されていることを指し、学びの共同体で重要視されている学習者にとっての学びの意味や経験が軽視されてしまう危険性を孕んでいるのである。もう一つは、運動主体を文脈から切り離し、「運動過程をブラックボックス化」する方法であるために、評価の内実や運動の変化がなぜもたらされたのかという過程を解明することが困難であるということである。

一方でエピソード記述は、人の生き様を生き生きと描き出すことで、体験を一般の人に知ってほしい、一緒に考えたい、子ども理解や患者理解を深めたいという現場の思いをもとにしている方法である。また、エピソード記述は、観察の中で、単なる指導技術の向上や一般化された指導方法の獲得を目指すものではない。関与者の理論的背景や興味関心を「地」とし、出来事を「図として」見て記述することを特徴とするため、エピソード記述には、自らの問題意識が自然と浮かび上がってくる。その記述から、関与観察者が「一体何を問題にしたいのか、なぜ問題にしたいのか、等々、自らの問題意識を煮詰めていく作業」（鯨岡2005）に重きを置き、自らの学習観、子ども観、教材観などの思考の枠組みを見つめ直すという、「反省的実践家」（ショーン：佐藤・秋田訳2001）としての専

門性を高めていくことを目指している方法なのである。

加えて、前述したようにエピソード記述は、場面の流れだけでなく、その場のアクチュアリティ（生動感）が読み手に把握できるのか、そして背景となる興味・関心・理論との関係において関与観察者の問題意識を十分つかむことができるのかが評価の対象となる。これは、結果よりも過程に重きを置いていること、また、観察対象者を文脈から切り離した「個」として追うのではなく、観察対象者が参加している世界における「関係」の中での変容を問題にしているといえよう。

以上のことから、エピソード記述は、体育学習における量的研究による「問題設定の軽視」「運動過程のブラックボックス化」という二つの問題点を補完し、子どもの学びを「対話的実践」ととらえている「協同的学び」を目指す授業の中で、子どもの学びを見取る力量を育てる方法といえるだろう。

4 ● エピソード記述が「描けない」ということの意味

エピソード記述が、子どもの学びを見取ることができる大きな可能性を持つ方法であることを述べてきたが、鯨岡（２００５）は、エピソードが描けない悩みについても言及している。鯨岡は、エピソードが描けない理由として、①現場における立ち位置や関与が描けない」、②出来事を捨てることができない」、③事実の羅列から抜け出せない」、④メタ観察や考察が描けない」ことを挙げている。

一つ目は、エピソードを描く以前の問題として、現場における立ち位置や関与観察の姿勢について

である。様々な価値観が行き交い、現場で起こっている多くの出来事に対して、どういう「価値観」に立ってその場に臨めばよいかがわからないことを挙げている。

二つ目は、エピソードを描く際、現場で印象的な出来事に出会っても、出来事の傍らで起きている他の出来事を積極的に「捨てることができない」という悩みである。エピソードは、出会った場面の中でも最も訴えたいところを十分に伝えるために、必要のないところは割愛し、簡潔にすることが条件となっている。しかし、特にビデオや録音テープを活用した際に、その場面で起きていることばの洪水、複雑な関係に巻き込まれてしまい、全体から「図」が浮かび上がってこずにエピソードを拾えないという悩みにつながると述べている。

三つ目は、客観的に記述すること、換言すると事実を羅列する記述から脱却できないという悩みである。「客観的＝普遍性、一般化可能」という枠組みでとらえることにより、関与の中で感じた主観的につかんだ部分を盛り込むことへの躊躇につながり、結果として体験の共通性という意味での「客観的な」エピソードにならないということである。

四つ目は、メタ観察や考察ができないという悩みである。興味・関心をひくエピソードに出会い、事実経過、そして自分が感じたり間主観的につかんだりしたことを交えることができても、その先のメタ観察や考察が描けないことを指している。取り上げたエピソードを理論的、経験的な背景から幅広い問題性の中に位置づけることがメタ観察や考察につながるが、問題の背景の理論的検討が浅いことでメタ観察や考察をできないことを生み出すと述べている。

これまで、エピソード記述に臨む際の悩みを列挙してきたが、四つの悩みの出所は共通しているとみることができる。それは、関与観察者の興味、関心、知識、経験、理論などの「地」の上に、場面が「図として」浮かび上がるというエピソード記述の基本的な構図であり根幹ともいえる事柄である。授業者・観察者の対象（授業）に対する「地」が煮詰まっていないことによって、「どのような価値観で現場に立つか」に戸惑い、「どの場面を拾い、捨てることが必要なのか」「どの程度間主観的につかんだことを盛り込んだらよいのか」を迷わせ、そして出会ったエピソードを「メタ観察や考察まで引き上げられない」という悩みを生み出すのである。

5● 陥りがちなエピソード記述例

(1) エピソード記述例として取り上げる授業概要

エピソード記述例として扱う授業実践は、第Ⅱ部の第2章で取り上げた、小学校第6学年を対象にして行ったリレー（2×15mリレー）である。本実践では、リレーの中心的なおもしろさを一定の距離を複数の人で単にバトンをつなぐのではなく、「前走者の『スピードパス』により、チーム全体のスピードを競うこと」であるととらえて構想された。2×15mリレーは、スタートからゴールまでを30mとし、テークオーバーゾーンとして、12.5m〜17.5mを設定し、ゾーン内でバトンパスを行

うような場で行った。活動は、すべてペアで行った。まず、単元開始前に子ども一人一人の15m走のタイムを計測し、自分の15m走のタイムとペアの子の15m走のタイムの合計タイムを算出した。

第1時から第3時までは、課題①「合計タイムをどれだけ縮めることができるかな」に、第4時では、課題②「基準タイム（課題①における最高タイム）をどれだけ縮めることができるかな」に取り組んだ。

エピソード記述は、授業実践者によるものである。授業者は、リレーの学びを「前走者の『スピードパス』により、チーム全体のスピードを競うこと」であると理解し、速さをつなぐことを探究している姿ととらえている。この「地」を持ちながら、授業の中でリレーの学びが生起していると間主観的に感じ取った場面をエピソードとして記述し、エピソードをもとにして、学びが生起した具体的な姿とはどのようなことかを考察した。

このような手順を踏んで行ったエピソード・考察を事例として取り上げ、体育におけるエピソード記述で陥りがちな点について整理していく。

(2) 陥りやすいエピソード記述例

取り上げるエピソード記述例は、授業の第1時において、課題の達成に対しつまずいているアキオとサキのリレーの学びが生起していく姿を追っているエピソードであり、その姿をもとにしてリレーにおける学びとは何かを明らかにしようと考察をしているものである。

関与観察者（授業者）は、二人の運動の様子を中心としながら、二人の変容にかかわるやりとりを記述することによって大まかな場面の流れを描いている。また、客観的な出来事に加えて、「苦笑いをしながら」「少し強い口調で」など、関与観察者自身がその場で感じたことも盛り込もうとしていることがわかる。考察では、変容が生まれた要因を、リレーのおもしろさから明らかにしようとしていることが見て取れる。

だが、このエピソード・考察を省察すると、いくつかの課題が見受けられる。そこから陥りがちな点について述べていくこととする。また、本文中の#は、エピソード例、考察例内と対応している。

【エピソード例】

授業の後半に、アキオとサキの記録表を見ると、合計タイムより遅かったので、「遅くなってるやん」と話しかけた。すると、サキは「そう、遅くなっちゃったん」とこたえた。アキオとサキに理由を聴いてもはっきりしないようだったので、同じグループのリコとジュンペイに見てもらうことにした。つまり、アキオとサキは自分たちの課題が何かわからずつまずいているのである（#１）。

アキオとサキが走るのを見ると、アキオが全力で走ってくるのに対し、サキはバーンを完全に止まったまま受け取り、受け取ってから走り出していた。そのため、せっかくアキオが全力で走ってきても、テークオーバーゾーンでその勢いをつなぐことができず、タイムも縮まっていなかった。私はアキオが話しているのをアキオが少し苛立ち「絶対真剣に走ってないやろ、サキ」と詰め寄った。すると、ア

さえぎるように「ジュンペイが見とってくれたよ」といい、アキオとサキにジュンペイの話を聴かせた。すると、ジュンペイは「バトン渡すときにさ、こんなふうになんかさ、サキがドタドタ歩いとる感じがするよ。僕は……」と動作を交えながらサキに向かって話した。サキはまた苦笑いしながら聴いていた。するとアキオがそんなサキの態度にさらにイライラして、「本気で走ってないやろ。足痛くても、我慢して本気で走ってよ!!」と少し強い口調でサキにいった。アキオはタイムが縮まらないのは、サキの気持ちの問題であると考え続け、「速さをつなげられるかな」という課題に迫られていのである（#2）。

私はそのときに、合計タイムを縮めているリコとジュンペイのペアの走りを見せれば、アキオとサキも何か気づくだろうと考え、リコとジュンペイに走ってもらうことにした。アキオとリコはテークオーバーゾーンの近くに行き、サキはゴール付近で記録用紙を持ちながら、ジュンペイとリコが走るのを見ていた。

ジュンペイとリコが走り終えると、二人のタイムは0・07秒速くなっていた。そのとき、アキオが「やっとわかった!!」とにこにこしながらゴール付近へ走ってきた。そのときに私が「アキオ、何がわかったん？ いうて」と聴き返すと、アキオは嬉しそうに、「バトンするときに、なんちゅうの。その走る人、第1走者が、走るときに、バトン渡すときに、『走れ』っていうたから、出たんやと思う」とこたえた。そして、サキは「リコがむっちゃ走っとった。ギリギリまで」とこたえた。このとき、二人は合計タイムを縮めるためには、気持ちの問題ではなく、何か他に技術的に大

切なことがあると感じたようだった。この日は時間がなかったので、これで終わることにしたそうに大きな声で叫んでいた。

次の時間、アキオとサキがどうしているか気になっていたので、様子を見に行った。

すると、二人のタイムがかなり縮まっていたので、「なんでなん？」と聴くと、どうして自分たちのタイムが縮まったのかがはっきりとわからないという様子だった。私も二人の何が変わったのかを見たかったので、二人にもう一度走ってもらうことにした。

アキオとサキのリレーを見ると、アキオがスタートをきった直後にサキも同時にゆっくりと走り出し、テークオーバーゾーンのギリギリで走りながらバトンをもらうことができていた。今までサキは止まったままバトンをもらっていたので、それに比べるとずいぶん助走がつき（#3）、第1走者と第2走者がすっと入れ替わり、流れるようにバトンパスができていた。走り終えた後に、私が「今のどうやった？」と聴くと、アキオが「バトンの持つところをちょっと工夫した。先を長くした」と嬉しそうにこたえた。サキも同時に「私も先を持って……」とこたえた。さらに、私は『それをすると何で速くなるん？』と聴き返したが、まだ、ことばに表すのが難しそうだった。私は同じグループのリコとジュンペイに実際にバトンを持たせて、二人の距離をできるだけ離すようにして確認した。すると、四人はうなずいて、「そういうこと」といいたそうにしていた。

【考察】

アキオとサキのペアは第２走者であるサキがどうしてもスタートをきってバトンをもらうことができず、なかなかタイムが縮まらなかった。私が見ていて「速さをつなぐ」はずであるテークオーバーゾーンで玉突きのようになり、逆に速さが詰まっている感じがした（#4）。アキオとサキもタイムを縮めるためにはどうしたらよいのかわからないという感じだった（#5）。

そこで、比較的上手に第１走者の勢いをつなぐことができている同じグループのジュンペイとリコのリレーを見せて、自分たちのリレーと比較して考えさせることにした。アキオはリコとジュンペイのリレーをテークオーバーゾーンの所でじっと見ていた。そして、二人が走り終わった後に「やっとわかった!!」と叫んでいた。その直後に何がわかったのかを語らせると、アキオはジュンペイが「バトン渡すときに、『走れ』っていうたから、出たんやと思う」と話していることから、サキが走り出してくれなければ、第１走者の勢いをつなぐことはできないと技能面での課題を明らかにしたのである。つまり、アキオはサキがバトンの勢いを止まって受け取っていることに気づき、バトンを渡す前にサキがスタートをきってくれないと、自分の勢いを保ったままバトンを渡すことができないので、自分がテークオーバーゾーンにたどり着く前に、サキをスタートさせなければならないと気づいたのである。

一方、サキはテークオーバーゾーンでの動きに着目するようになる（#6）。つまり、リコはジュンペイに指摘されたことで、友達のテークオーバーゾーンでの動きをジュンペイに指摘するようになる（#6）。つまり、リコはジュンペイがテークオーバーゾーンのギリギリンに到着する前にスタートをきり、できるだけスピードを上げて、テークオーバーゾー

214

でバトンを受け取るというように、テークオーバーゾーンを有効的に使ってジュンペイのスピードを上手につないでいる姿に気づくのである。つまり、自分は今まで止まってバトンをもらっていたために、アキオのスピードを緩めさせていたが、自分もスタートをきってからアキオのスピードを生かしてバトンをもらうことが大切であると気づいたのである。

次の時間には第２走者のサキが、アキオとほとんど同時にスタートをきってからバトンをもらっていた。第２走者のスタートをきるタイミングをつかむことは、他のペアを見ていても第２時の段階においては難しそう（#７）だったので、二人にとってはこの方法がこの時点で一番わかりやすい方法だったと考えられる。

そして、バトンを渡す瞬間に、二人ともバトンの端を持つようにし、二人の距離をできるだけ離したほうが「速さをつなぐ」ことができるとこたえていた。このときは、グループの四人ともうなずいていたことから、四人で「速さをつなぐ」というテーマを探究していったことがわかる。私が実際に子どもたちのリレーを見て感じたことは、玉突きのような状態がなくなり、テークオーバーゾーンで第１走者と第２走者がすっと入れ替わっているように感じた（#８）。

アキオとサキは二人の運動をつなぐリレーという運動にもかかわらず、一人一人の運動を一旦終えてから、もう１回運動を再スタートさせてつないでいた。しかし、テークオーバーゾーンでの第２走者のスタートのきり方と、バトンの使い方を考えることによって、二人の運動を止めることなくつなぐことができるようになった（#９）。その結果、基準タイムも縮めることができたと考えられる。

① エピソードで「事実」が描ききれているか

エピソードは、間主観的なものも含んだ「客観的」な事実を描き、そのエピソードに即して自らが持つ背景から行うものが考察である。しかし、考察を見てみると、「玉突きのようになり…感じがした（#4）」「タイムを縮めるためには…感じだった（#5）」「他のペアを見ていても第2時の段階においては難しそう（#7）」「私が実際に…すっと入れ替わっているように感じた（#8）」というように、エピソードには記述されていない間主観的につかんだ事実と思われる記述が散見される。

一方では、出来事を「あるがまま」に描き、読み手がその場をあたかも体験しているように描くことが大切なエピソードの中に#1、#2のように、出来事の解釈が見られる（特に#1では、「つまり」という接続詞からも解釈をしようという志向性が見られる）。さらには、考察にある「サキはテークオーバーゾーンでの…着目するようになる（#6）」であるが、エピソードの中からは、意識の変容についての因果関係が認めにくい。

これらは、エピソードを描く際に、事実を「あるがまま」に描ききれていないことが原因であると考えられる。なぜなら、エピソードの中で事実を「あるがまま」に描ききれていないことが、考察の中で事実を補足することになり、描ききれない（つかみきれない）部分を「つまり」という解釈としてまとめることにつながっていると考えられるからである。その結果、観察者が感じ取った子どもの意識の変容が、読み手には伝わりにくいという事態を生んでいるといえよう。

② 「地」からみる視点のずれ

①でも述べたが、考察の中にいくつか間主観的につかんだことが含まれている。換言すると、教師の目線からとらえている記述といえる（#4、#8）。このエピソードと考察が、教師の授業方法を提示するものではなく、リレーにおける「学びが生起している姿」を描き出し、リレーでの「学びとは何か」を明らかにしようとするものであるならば、考察の視点がしばしば教師側に移っていることに違和感を覚える。

学びの事実を記述する際には、あくまで子ども側の視点を持ち、子どもの動き、言動、表情などを追い、その事実から考察することが必要であろう。しかし、視点のズレが見られることによって、記述者の描きたいことが薄れてしまい、記述者の理論的背景が見にくくなることにつながっていると考えられる。

③ 「意味を掘り起こす」ことができない

鯨岡（2005）は、「真のエピソード記述が目指すものべきは、まず第1にその人の生き様の『あるがまま』であり、第2にそこから浮上してくる意味です」「描き出された生の断面の『意味』を掘り起こしてこそ、真のエピソード記述」と述べている。さらに本実践は、学びの経験り「意味」を大切にし、リレーのおもしろさの探究を目指して実践したものである。考察に目を向けてみると、リレーの学びの姿を#9のように、「二人の運動を止めることなくつな

ぐことができるようになった」と結論づけ、その要因として「テークオーバーゾーンでの第2走者のスタートのきり方」「バトンの使い方を考えること」を挙げている。これらは、子どもの客観的な動きの変化を表してはいるものの、「スタートのきり方」や「バトンの使い方」という動きの変化が、リレーの学びとどのようにつながっているのかの言及には至っていない。表層的な目に見える変化や子どものことばから考察を進めるだけではなく、変化やことばを「地」と関連づけて、その意味にまで言及できるように慎重に考察を進めたいものである。

三つの陥りやすい例は、いずれも読み手がその状況をあり得ることと納得できる「体験の共通性」を弱めてしまう危険性を孕んでいる課題であり、読み手が、観察者の背景となる興味・関心、あるいは理論との関係で、関与観察者の問題意識が十分につかめるかというエピソード記述の評価に大きく関係する課題例であるといえるだろう。

6●体育におけるエピソード記述の描き方

　エピソード記述の基本的認識に加えて、体育学習のエピソード記述例を取り上げ、陥りやすい点として3点が浮かび上がった。これらをもとに、体育においてエピソード記述の質を高めるための視点を提示する。

218

(1) エピソードを描くときの「地」のつくり方

数ある出来事の中から、エピソードとして記述するためには、関与観察者の明確な「地」が必要であることを述べ、事例の中でも、「地」が明確でないことによって視点のズレが生まれ、結果として記述者の理論的背景が見えにくくなるという課題を指摘した。

体育における「地」とは、授業で扱う運動とは「何か」という概念を指し、子どもたちが「何を」目的に活動を行っているのかという学びの内容を指している。体育における学びの内容として、岡野・山本（2012）が、取り扱う運動の概念として「運動の中心的なおもしろさ」、運動の目的として「身体技法」を提示している。この二つの視点は、教師が授業をデザインする視点として提示されているが、教師が授業を観察する「地」をつくる視点でもあるといえよう。

本実践例では、リレーの運動の中心的なおもしろさを「速さをつなぐこと」と設定しながら、記述者が、おもしろさに迫っている子どもの具体的な「身体技法」について、どれほどイメージを持っていたのかによって、子どもの観察の仕方や記述も変わる可能性があると考えられる。

以上のように、運動の概念としての「運動の中心的なおもしろさ」に加え、概念を具体化している子どもの身体技法のイメージを多様に持つことによって、活動の中での子どもの姿が明確に「図として」浮かび上がるようになり、記述者の理論的背景が読み手に伝わるエピソードに近づいていくといえよう。

(2) 考察の視点

エピソードにおいて読み手の「体験の共通性」が大切なように、考察では、エピソードで記述した事実に即して行い、結論が自然に納得できることが重要であろう。そのためには、まず確固たる「視点（地）」を定めることが重要である。体育の学びについて検討をする場合には、ある子ども（この事例ならば、アキオとサキ）を拠点にしながら、前述した「運動の中心的なおもしろさ」を具体化している「身体技法」とかかわりが深い事実（言動）の変容を、エピソードから拾っていくことが必要といえる。

次に、事実をもとにして、その事実の裏にある意味をつかむ作業となるが、出来事の「意味」まで掘り下げる方法について述べたい。

学びを見取るとは、「どこで学びが成立したのか」という子どもの変容（の可能性がある所）を追うことといえる。そこで、学びが生起した事実の考察を行う際に、「地」と深い関係があるとして拾い出した「事実」を『変容前の姿』から『変容後の姿』へという端的なことばで表現することで、自分が何を変化として見取ったのかが明らかになるだろう。さらに言及すると、『変容前の姿』から『変容後の姿』へ」を表す際には、単なる表層的な動きの変化ではなく、学習内容との関係でどのような意味の広がりを持っているのかを含んで提示することが、必要であることを断っておきたい。

これまで述べてきたように、体育の学びを考察する際の視点として、次のように提示することができ

きる。以下の三つの視点を満たせば、子どもの学びの生起を見取ったと考えられる。

① 考察する「地」を「運動のおもしろさ」を具体化している子どもの「身体技法」に定める。
② 「地」とかかわりが深い事実をエピソードから拾う。
③ 拾った事実を『変容前の姿』から『変容後の姿』へ」と端的なことばで変容を表現する。
＊表層的な変化ではなく、運動の中心的なおもしろさにかかわる身体技法と関連づける。

この考察の視点に基づいて、筆者がリレー実践のエピソードをもとに考察を行った。

【考察】「一人一人が15mを本気で走る」から「二人で30mを止まらずに走る」へ

エピソードにおけるアキオとサキは、二人の合計タイムより記録表のタイムが縮まらないことに対して、アキオは、サキの走る意欲が問題である（#10）と指摘をしている。アキオとサキの走り方を見ていたジュンペイが、テークオーバーゾーンでのサキの動き方について話をしているにもかかわらず、本気で走ることを強く要求（#11）していることからも、サキに原因があると感じていることがわかる。

この認識を持っている二人が、合計タイムを縮めているジュンペイとリコの走りを見たときに、「バトン渡すときに、『走れ』っていうたから」と、個人の走りよりもテークオーバーゾーンでの言動に注目を向ける（#12）ようになっている。そして次の時間には、一人のタイムが縮

二人は、タイムが縮まったわけをはっきりとは言語化できていないが、今まで止まったままバトンをもらっていたサキが、ずいぶんと助走がつくようなバトンの受け方に変化（#13）している。アキオとサキの姿は、タイムを縮めるための意識や動きが、本気で走ることだけではなくテークオーバーゾーンの使い方へと向かっていることがわかる。この変化は、与えられた15mを「一人一人が目的地までより速く走る」短距離走の技能から、30mをひとまとまりととらえ「第１走者のスピードを止めずに第２走者へつなぐ」というリレーならではの技能（#14）が立ち現れたからであると推察される。

　まず「リレーにおける学び」について考察するため、視点を常にアキオとサキ側に当て、動きやことば、周りとのやりとりの事実を拾った。第１段落には、「サキの走る意欲が問題である（#10）」「本気で走ることを強く要求（#11）」と学びが生起する以前の姿を、第２段落には、学びのきっかけとなったジュンペイとリコの走りを見たときの気づきの事実（#12）を、第３段落には、学びが生起した姿をエピソードから引用しながら（「ずいぶんと助走がつくようなバトンの受け方に変化」）綴った（#3から#12へ）。そして第４段落には、二人の学びの姿をリレーの学びの意味を含んだ「一人一人が15mを本気で走る」から「二人で30mを止まらずに走る」と端的なことばで表現した（#14）。個々の走り方ではなくテークオーバーゾーンに意識が向くことは、アキオとサキがリレーという運動に対して、15mをひとまとまりとして一人一人が全力で走る認識から、30mをひとまとまりと考え、二人で

30mを速く走ることという認識に変化していることを意味していると考えたからである。また二人の姿から、筆者自身がリレーの学びの一つとして、ひとまとまりに考える運動単位に変化があることを学んだことを付け加えておきたい。

7●おわりに

本章では、体育でエピソード記述に臨む際に、記述の質を高めるための視点を提示することを目指した。

その結果、運動の概念としての「運動の中心的なおもしろさ」、概念を具体化している子どもの「身体技法」をイメージすることが、体育でエピソードを描く根幹となる「地」をつくり、活動の中の子どもの姿を「図として」浮かび上がりやすくさせるため、学びの事実を描くための手がかりになることが示された。また、考察では、①考察する「地」を、「運動の中心的なおもしろさ」を具体化している子どもの「身体技法」に定める、②「地」とかかわりが深い「事実」をエピソードから拾う、③拾った「事実」を『変容前の姿』から『変容後の姿』へと端的なことばで変容を表現する、という三つの視点から描くことで、記述者の理論的背景が読み手に伝わる考察となり得ることが示唆された。

今、学校現場ではリフレクションの質の向上、エピソードを「あるがまま」に描きエピソードの「意

味」を掘り下げることによって、専門家としての資質や能力の向上が求められている。本章が、その一助となれば幸いである。

(加納岳拓)

〈引用・参考文献〉
◎ドナルド・ショーン：佐藤学・秋田喜代美訳（2001）専門家の知恵—反省的実践家は行為しながら考える—　ゆるみ出版
◎藤岡完治（2001）日本カリキュラム学会編　現代カリキュラム事典　ぎょうせい　190頁
◎片岡暁夫（1988）学校体育用語辞典　大修館書店　16頁
◎北澤太野・鈴木理（2013）体育教師教育研究の課題と方法をめぐる論議　体育科教育学研究29（2）11 - 23頁
◎加納岳拓・岡野昇（2013）跳び箱運動における協同的学びに関する実践的研究　三重大学教育学部研究紀要教育科学64　287 - 296頁
◎加納岳拓・太田直己・矢戸幹也（2014）「素早い往復走」における動きの質の高まりに関する研究　体操研究11　20 - 26頁
◎加納岳拓・岡野昇（2014）跳び箱を使った運動遊びにおける環境のデザインに関する研究　三重大学教育学部附属教育実践総合センター紀要三重大学教育学部附属教育実践総合センター34　75 - 81頁
◎鯨岡峻（2005）エピソード記述入門—実践と質的研究のために—　東京大学出版会
◎鯨岡峻（2009）エピソード記述を通して保育の質を高める（2．保育フォーラム、保育の質を高める記録、第

3部 保育の歩み（その2）　保育学研究47（2）　237－238頁

◎マイネル：金子明友訳（1981）スポーツ運動学　大修館書店　24頁

◎中村利之・田島行夫・廣橋義敬（1995）体育指導における学習カードの活用に関する研究　千葉大学教育学部研究紀要11　自然科学編43　43－55頁

◎岡花祈一郎（2010）「エピソード記述」による幼児理解に関する研究―保育内容言葉との関連を中心に―　広島大学大学院教育学研究科紀要第三部59　153－159頁

◎岡野昇・山本裕二（2012）関係論的アプローチによる体育の授業デザイン　学校教育研究27　80－92頁

◎岡野昇・山本裕二・内田めぐみ・加納岳拓（2013）体育の協同的学びにおける運動技能の発達過程　スポーツ健康科学研究35　89－97頁

◎高橋健夫・長谷川悦示・刈谷三郎（1994）体育授業の「形成的評価法」作成の試み：子どもの授業評価の構造に着目して　体育学研究39（1）29－37頁

◎高橋健夫・長谷川悦示・浦井孝雄（2003）体育授業を観察評価する―授業改善のためのオーセンティック・アセスメント―　明和出版　12－15頁

◎佐藤学（2012）岩波ブックレット842　学校を改革する―学びの共同体の構想と実践　岩波書店　40－41頁

◎鈴木理（2000）アメリカにおける教師のエクスパタイズ研究の動向：1980年代後半以降を中心に　工学院大学共通課程研究論37（2）117－128頁

◎田尻さやか・西口守（2013）保育実践におけるエピソード記述の意義について―学生は何をリアルに描き出そうとしているのか―　東京家政学院大学紀要53　9－21頁

◎柳瀬慶子（2012）「走の運動遊び」における協同的な学びに関する実践的研究　高田短期大学紀要30　159-167頁

◎矢戸幹也・岡野　昇（2012）体育における協同的な学びに関する実践的研究：小学校5年生の短距離走・リレーを対象にして　三重大学教育学部研究紀要63　231-237頁

エピローグ
21世紀型の体育の学びへ

佐藤　学

1 ● 21世紀型の学校へ

　学校教育はグローバリゼーションによって歴史的転換点に立っている。学校教育の制度、内容、方法は、どの国においても19世紀後半の国民国家の構成と産業革命後の産業主義社会の形成という二つを主要な動因として形成された。その学校教育を確立した二つの動因は、1989年のベルリンの壁の崩壊以降、グローバリゼーションを背景とする国民国家の時代の終焉と産業主義社会からポスト産業主義社会への移行によって存立基盤を失い、どの国においても「21世紀型の学校教育」へと

「21世紀型の学校教育」は、どのような教育を意味しているのだろうか。OECD加盟34か国のナショナル・カリキュラムは日本を含む先進諸国における「21世紀型の学校教育」の特徴を示している。それら先進諸国は、(1)質（quality）と平等（equality）の同時追求、(2)分権改革による学校と教師の自律性の拡大を改革原理として、ほぼ共通して以下の四つの改革を推進してきた。第一は、知識基盤社会への対応であり、知識の理解と習得の教育から知識の活用による思考と探究の教育への転換である。第二は、多文化共生社会への対応である。第三は、格差リスク社会への対応であり、学習権の保障と教育の平等の実現である。第四は、成熟した市民社会への対応であり、公共的モラル、葛藤解決、民主的主権者の教育など、市民性（citizenship）の教育の推進である。

「21世紀型の学校」への転換は、授業と学びの改革において特徴的である。カリキュラムは、知識・技能の効率的な習得を追求する「プログラム型」（目標・達成・評価）から知識の活用による思考・探究を追求する「プロジェクト型」（主題・探究・表現）へと移行した。授業と学びの様式も変化した。19世紀後半以来の一斉授業の教室は、先進諸国においてはすでに博物館へと入り、小グループの協同的学びを中心とする授業へと様変わりした。それに伴って授業研究も「教える技術」を中心とする授業から様変わりしている。

計画と評価の研究から、「学びのデザインとリフレクション」を中心とする研究へと変わり、創造的思考と批判的思考、対話的コミュニケーション、協同的活動による「質の高い学び」の創造を目的とするものへと変化した。教室の「静かな革命」による「質の高い学び」の創造を目的とするものへと変化した。教室の「静かな革命」によるる「質の高い学び」の創造を目的とするものへと変化した。教室の「静かな革命」による。その結果、教師の専門家像も「教える専門家」から「学びの専門家」へと移行している。

2●揺らぐ体育科の学びの身体像

「21世紀型の学校」において、体育科教育は、どのような変化をとげているのだろうか。そして21世紀の社会において、体育科の授業と学びはどのように改革すべきなのだろうか。この問いに答えるのは容易なことではない。少なくとも、数学教育や科学教育など他教科と比べて、体育科における「21世紀型」の授業と学びのイメージは明確になっているとはいいがたい。むしろこの四半世紀、体育科教育は、ヴィジョンと理念を失って、混迷と停滞が続いているように思われる。その混迷と停滞には歴史的根拠がある。体育科という教科は、どの国においても国民国家の軍隊の要請によって成立し、その学びは軍隊の身体イメージにもとづいて成立していた。さらに20世紀の産業主義の時代には、工場の労働力としての身体のイメージが

体育科の学びを規定していたといえよう。しかし、その二つの存立基盤はグローバリゼーションによって崩壊し、世界各国の学校において体育科は消滅するか授業時数を減らしてきた。諸外国において、軍隊と工場から解放された体育は、スポーツ文化活動として学校の外に追い出されている。

しかし、日本は例外的に体育科を学校教科として存続させ、授業時数も減らさないで維持してきた。この状態で懸念されるのは体育科の授業の目的や学びの意義の喪失であり、体育科で教育する身体イメージの喪失であり、授業における学びの空洞化である。日本においても、スポーツ活動は、教科外のクラブ活動、学校外のスポーツ少年団やスイミング・クラブや少年サッカー・チームなどにおいて活発化し、学校教科として体育科の授業実践は低迷状態にある。この現実から出発して「21世紀型の体育科の学び」をどう構想することが可能だろうか。

3 ● 体育科における21世紀型の学びの探究

学びの共同体の学校における体育科の授業を参観すると、そこにまだ十分には概念化されず、言語化もされていない新たな学びとその学びが生成する身体像を観察し、はっと驚かされることが多い。

230

学びの共同体の学校の体育科の学びは、運動技能の訓練ではなく、身体技法の学びとしてとらえられ、アートの学びとして実践されている。ここで言う「アート」とは、いわゆる「芸術」よりも広い概念であり、「もう一つの現実」「もう一つの世界」「もう一つの真実」「もう一つの他者」「もう一つの自己」と出会い対話し表現する「生きる技法」を意味している。学びの共同体の教室の体育科の学びは、「もう一つの身体」「もう一つの運動世界」「もう一人の仲間」「もう一人の私」と出会い、対話する学びである。それは、新しい身体文化を自らの内側と他者との関係に生み出す学びであり、そのような自己の身体の新たな内的真実と他者との関わりによって開かれる身体の新しい世界を享受する学びである。
　学びの共同体の教室における体育科の学びは、しなやかさとたおやかさを兼ね備えた身体活動の応答関係の中で生まれている。しなやかにモノやヒトやコトに応答する身体技法が生み出す身体の運動は、自然で美しく洗練されている。その姿の中に体育科の「21世紀型の学び」の萌芽を見ることができるだろう。
　その個人的な観察経験をもとにして、現段階で指摘しうる体育科の「21世紀型の学び」の特徴は、以下の諸点にある。

① スポーツや運動を「アート」の学びとして成立させる他者にも自己にも開かれた

身体活動による学びである。

② 他者との協同の中で文化的価値の高い身体技法と運動文化の型を学ぶ学びである。

③ 応答的な身体でモノや他者と関わり、応答的で対話的な言語的・非言語的コミュニケーションによる学びである。

④ 身体文化の卓越性を身体の技法と文化の型として学び合い、スポーツや運動文化によって生活を豊かにし幸福にすることを可能にする学びである。

⑤ 言葉と身体、情動と行為、感覚と運動イメージを統合し、より自然でより美しくより合理的な身体活動と身体技法を身につける学びである。

⑥ バランスと調和のとれた身体を形成し、健康で安全な生活を支える学びである。

学びの共同体の体育科の授業で観察される学びとその学びの身体イメージは、まだ多くあげることができるだろう。体育科の学びの環境についても、新たな傾向を見ることができる。

たとえば、男女共修の体育科の授業は、学びの共同体の学校の改革によって生まれたものではないが、学びの共同体の学校における体育科の授業の多くが男女共修の様式を導入している。私の参観した限り、男女共修による協同的学びを中心とする体育科の授業は、どれも技能や体力の優劣をこえた素晴らしい学びを生み出し、どの生

徒もスポーツや運動を愉しんでいた。これも体育科における「21世紀型の学び」の一つの風景である。

4 ●さらなる授業実践の挑戦と学びの研究へ

本書は、学びの共同体を標榜する学校改革と授業改革によって生まれた「21世紀型の体育科の授業と学び」を実践の具体的な事実によって提示する試みであった。美術や音楽が身体作業を媒介として文化的意味を構成する学びとして展開し、身体技法の直接的な学び合いが生み出されるように、体育科の学びも身体活動を媒介として、その活動の文化的意味を直接的に学び合う活動として展開されている。したがって、体育科の学びは、学びの作法や技法を直接的に形成できる魅力ある教科である。この体育科の特質は、この教科が数学や理科や社会科などと比べて、いっそう直接的に学びの本質に迫り、学びの作法と技法を洗練させ、学びの快楽を享受できる教科であることを意味している。

しかし、この体育科の学びの直接性から生まれる可能性は、まだ十分に研究されているとはいいがたい。まだ体育科の学びは、「技法」と「型（スタイル）」の学びの魅力や文化的価値について十分に認識されているとは言えないし、「技法」と「型

（スタイル）」の学びの真正性をそれぞれの体育科教材に即して十分に研究していないし、それを授業実践において協同的学びのデザインとして十分には洗練させてはいない。学びの共同体の改革における体育科の授業実践は、これらの課題を自覚的に追求し、その実践と研究を蓄積してはいるが、まだ緒についた段階である。本書が、その一里塚として多くの読者に読まれ、多くの教室で、本書の実践事例に啓発され触発された創意的な実践が一つでも多く創出されることを期待したい。

あとがき

〈本書の取り扱い説明書〉

本書は、「how-to」本ではありません。

「考え方」を鵜呑みにすることなく、「ことば」を独り歩きさせることなく、「実践例（学習課題・場など）」を安易に真似ることなく、学びの実践探究の叩き台としてご活用ください。

「how-to（どのように）」は、「what（何を）」と「why（なぜ）」によって導き出されるものだと考えます。

「学びの空洞化」は、性急な成果（小さな完成）を求めるが故に、大きな未完成を見守る時間を奪ってきた結果だと思われます。こんな時代だからこそ、『何を学ぶのか』「なぜ学ぶのか」という原点に立ち戻り、一人では届かない挑戦課題へ仲間と共にジャンプする営みを大切にしたいものです。

本書も、非常に多くの仲間（といっては失礼ですが……）の支えで刊行することができました。

＊

長年にわたり私たちの実践研究を後押しし、矢継ぎ早にジャンプ課題をご提示いただいた佐藤学先生、卓越した授業観察力で実践報告のコメントをご執筆いただいた佐藤雅彰先生、三重県内外の数多くの学校園の先生方や子どもたち、なかでも実践研究フィールドとして十四年間にわたりお世話になっている四日市市立河原田小学校のみなさん、三重大学教育学部や研究室の教え子たち（実践研究仲間）、最も近くで編集作業にご尽力いただいた加納岳拓先生とゼミ生のみなさんに、記して感謝の意を申し上げます。

また、本書の根源でもある私のパラダイムを形成してくださった大学院時代の恩師、青木眞先生（上越教育大学名誉教授）と山本裕二先生（名古屋大学大学院教育発達科学研究科教授）、そして本学に着任以来、十六年間にわたってご指導いただいている教科教育学研究室の山本俊彦先生（三重大学副学長・教育学部教授）には、深甚の敬意と謝意を捧げたいと思います。

最後に、大修館書店の川口修平さんには、私たちの実践と研究に深い理解を示していただき、本書の企画編集に多大なお力添えをいただきました。心より御礼申し上げます。

　　　　平成二十七年二月

　　　　　　　　岡野　昇

初出一覧

■第Ⅰ部　体育における対話的学びをデザインする

〈第1章〉

岡野　昇(2009)公立小学校における校内研究主題の変遷　三重大学教育実践総合センター紀要29　09‐74頁

岡野　昇(2011)体育における「学び」の探求の移り変わり　体育科教育59(6)　14‐17頁

岡野　昇・福島一章(2011)関係論的アプローチによる体育授業の4半世紀　日本学校教育学会編　21世紀型学校教育への提言―民主的学校と省察的教師　169‐182頁

〈第2章〉

岡野　昇・山本裕二(2012)関係論的アプローチによる体育の授業デザイン　学校教育研究27　80‐92頁

〈第3章〉

1―岡野　昇(2009)子どもに対する見方を見直そう　体育科教育57(8)　32‐36頁

2―岡野　昇・谷　理恵・伊藤茂子・佐藤　学(2011)体育における「学び」の三位一体　体育科教育59(6)　32‐36頁

3―加納岳拓・太田直己・矢戸幹也(2014)「素早い往復走」における動きの質の高まりに関する研究　体操研究11　20‐26頁

4―加納岳拓・岡野　昇(2013)跳び箱運動における協同的学びに関する実践的研究　三重大学教育学部研究紀要(教育科学)64　287‐296頁

5―岩﨑大輔・淺井仁美・佐藤雅彰(2014)学びの共同体の理念で描き出すリレーの授業デザイン　体育科教育62(5

■第Ⅱ部　体育における対話的学びを探究する

〈第1章〉
岡野　昇・内田めぐみ・山本裕二・加納岳拓（2013）体育の協同的学びにおける運動技能の発達過程　スポーツ健康科学研究35　89-97頁

〈第2章〉
岡野　昇（2014）関係論的アプローチによる体育学習の再検討　名古屋大学大学院教育発達科学研究科博士論文　1　98-224頁

〈第3章〉
岡野　昇（2011）体育における言語活動の"落とし穴"――体育における「聴き合い」としての学び　体育科教育59（11）44-48頁

加納岳拓・岡野　昇（2011）「学び」を深めるペアサッカーの実践　体育科教育59（11）20-23頁

〈第4章〉
加納岳拓・岡野　昇・伊藤暢浩（2014）体育におけるエピソード記述の描き方：学びの質的向上を目指して　三重大学教育学部研究紀要（教育科学）65　235-243頁

38-41頁

執筆担当

[編著者]

岡野　昇（三重大学教授）　第Ⅰ部第1章、第2章、第3章1・2・7、第Ⅱ部第1章、第2章、第3章1・2・3・6・8

佐藤　学（学習院大学特任教授）　プロローグ、第Ⅰ部第3章1・2・6・7、エピローグ

[分担執筆者]

加納　岳拓（三重大学准教授）　第Ⅰ部第3章3・4・6、第Ⅱ部第3章4・5・7、第4章

[執筆協力者]

佐藤　雅彰（元富士市立岳陽中学校校長）　第Ⅰ部第3章3・4・5・7

坂倉　茂子（桑名市立多度中学校）　第Ⅰ部第3章2

谷　理恵（津市立みさとの丘学園）　第Ⅰ部第3章2

岩﨑　大輔（伊賀市立緑ヶ丘中学校）　第Ⅰ部第3章5

中西　毅徳（四日市市立日永小学校）　第Ⅰ部第3章6

臼井　正昭（津市教育委員会）　第Ⅰ部第3章7

山川　めぐみ（四日市市立河原田小学校）　第Ⅱ部第1章3・4

伊藤　暢浩（津市教育委員会）　第Ⅱ部第2章2・3

編著者紹介

岡野　昇(おかの　のぼる)
三重大学教授。名古屋大学大学院教育発達科学研究科修了。博士 (心理学)。石川県公立小学校教諭、三重大学講師・准教授を経て、現職。専門分野は、体育科教育学、学校教育学。

佐藤　学(さとう　まなぶ)
学習院大学特任教授・東京大学名誉教授。東京大学大学院教育学研究科修了。教育学博士。三重大学助教授、東京大学助教授・教授を経て、現職。専門分野は、教育方法学、教師教育学。

体育における「学びの共同体」の実践と探究
©Noboru Okano, Manabu Sato, 2015　　　　NDC375/xviii, 239p / 19cm

初版第1刷発行──2015年4月20日
　第3刷発行──2019年9月 1日

編著者	岡野　昇・佐藤　学
発行者	鈴木一行
発行所	株式会社 大修館書店

　　　　　〒113-8541　東京都文京区湯島2-1-1
　　　　　電話 03-3868-2651（販売部）　03-3868-2299（編集部）
　　　　　振替 00190-7-40504
　　　　　［出版情報］https://www.taishukan.co.jp

装丁・本文デザイン	石山智博（TRUMPS.）
カバーイラスト	岡部哲郎
組　版	加藤　智
印刷所	横山印刷
製本所	ブロケード

ISBN978-4-469-26777-8　　　　Printed in Japan
Ⓡ本書のコピー、スキャン、デジタル化等の無断複製は著作権法上での例外を除き禁じられています。本書を代行業者等の第三者に依頼してスキャンやデジタル化することは、たとえ個人や家庭内での利用であっても著作権法上認められておりません。